ADHS bei Kindern

4 BÜCHER IN 1

100 SPIELERISCHE AKTIVITÄTEN und Strategien für Eltern und Lehrer: Selbstvertrauen entwickeln, Familienharmonie schaffen und Gefühle ohne Stress bewältigen

Copyright © 2024

Alice Arcangeli & Stefanie Gendron

Alle Rechte vorbehalten.

Version aus dem Italienischen ins Spanische, Englische, Französische und Deutsche übersetzt.

Übersetzer: Andrea Paning
Originaltitel: ADHD nei Bambini

Index

Einführung **6**

Buch 1 - ADHS: Die Störung verstehen **8**

Kapitel 1 - Einführung in die ADHS 8

Kapitel 2 - Formen von ADHS 12

Kapitel 3 - Symptome und Anzeichen 22

Kapitel 4 - Ursachen und Risikofaktoren 41

Kapitel 5 - Diagnose und Behandlung 45

Kapitel 6 - Die Auswirkungen von ADHS im täglichen Leben 52

Kapitel 7 - Komorbidität und Zusammenhang mit der Nutzung von elektronischen Geräten 55

Buch 2 - Natürliche Strategien zur Bewältigung von ADHS **61**

Kapitel 1 - Herausforderungen und Chancen 61

Kapitel 2 - Wie man mit Kindern über ADHS spricht 65

Kapitel 3 - Erfolgreiche Sozialisierungsstrategien: Die Bedeutung des Spiels 69

Kapitel 4 - Schaffung eines sicheren und funktionalen Umfelds ... 85

Kapitel 5 - Ernährung und körperliche Aktivität: Wie sie sich auswirken 90

Kapitel 6 - Ruhe und Entspannungstechniken 105

Kapitel 7 - Kindern beibringen, ihre Gefühle zu erkennen und zu bewältigen 112

Kapitel 8 - Wie man einen Tagesablauf schafft und tägliche Aktivitäten erleichtert 122

Kapitel 9 - Lernen, effektiv mit dem Kind zu kommunizieren 130

Kapitel 10 - Die Familie bei der Behandlung von ADHS 137

Buch 3: ADHS im Schulalter **142**

Kapitel 1 - ADHS in der Schule 142

Kapitel 2 - Gesetze und Unterstützungsmöglichkeiten für Kinder mit ADHS 151

Kapitel 3 - Techniken zur Verbesserung von Gedächtnis, Konzentration und Organisation 155

Kapitel 4 - Die Beziehung zwischen Eltern und Lehrern 171

Kapitel 5 - Mobbing: Wie kann man Kinder schützen? 174

Buch 4: Leben mit ADHS: Ein Handbuch für Eltern 185

Kapitel 1 - ADHS und Pubertät 185

Kapitel 2 - ADHS im Erwachsenenalter 198

Kapitel 3 - Der Einfluss von ADHS auf das Liebesleben 200

Kapitel 4 - Eltern mit ADHS 203

Kapitel 5 - Das Wohlbefinden der Eltern: Für sich selbst sorgen 206

Schlussfolgerung 211

Einführung

ADHS ist eine neurologische Entwicklungsstörung, die durch Symptome wie Unaufmerksamkeit, Hyperaktivität und Impulsivität gekennzeichnet ist und das tägliche Leben von Kindern und ihren Familien erheblich beeinträchtigen kann. Dieses Buch ist als umfassendes Hilfsmittel für Eltern gedacht, die ADHS besser verstehen und lernen wollen, wie sie damit wirksam umgehen können. Aufgeteilt in vier thematische Bände, die jeweils einen spezifischen Schwerpunkt haben, bietet dieses Handbuch einen detaillierten Überblick über die Störung und ihre praktischen Auswirkungen.

Im ersten Buch, "ADHS: Die Störung verstehen", werden wir die Grundlagen von ADHS erkunden, beginnend mit einer Einführung in die Störung selbst bis hin zu ihren Ursachen, Symptomen und verfügbaren Behandlungsmöglichkeiten. Außerdem werden wir uns mit den Auswirkungen von ADHS im täglichen Leben befassen, einschließlich des Zusammenhangs mit der Nutzung elektronischer Geräte und damit verbundenen Komorbiditäten.

Das zweite Buch, "Natürliche Strategien zur Bewältigung von ADHS", konzentriert sich auf praktische und natürliche Ansätze für den Umgang mit den täglichen Herausforderungen von ADHS. Von Sozialkontakten und dem Umgang mit Emotionen bis hin zu Ernährung und körperlicher Aktivität bietet dieses Buch nützliche Tipps für die Schaffung eines Umfelds, das die Entwicklung von Anpassungs- und Selbstregulierungsfähigkeiten bei Kindern mit ADHS fördert.

Im dritten Buch, "ADHS im Schulalter", werden wir die Auswirkungen von ADHS auf die schulischen Leistungen untersuchen und die Gesetze und Unterstützungsmöglichkeiten erforschen, die Kindern mit ADHS helfen, ihr volles Potenzial in der Schule auszuschöpfen. Außerdem werden wir praktische Techniken zur Verbesserung von Gedächtnis, Konzentration und Organisation sowie die Beziehungsdynamik zwischen Eltern, Lehrern und Kindern mit ADHS diskutieren.

Im vierten Buch schließlich, "Leben mit ADHS: Ein Handbuch für Eltern", befassen wir uns mit den besonderen Herausforderungen im Jugend- und Erwachsenenalter sowie mit den Auswirkungen von ADHS auf Familien- und Liebesbeziehungen. Außerdem werden wir uns mit Fragen des elterlichen Wohlbefindens und der gegenseitigen Unterstützung innerhalb der Familie befassen.

Zusammenfassend lässt sich sagen, dass dieses Buch ein umfassender und praktischer Leitfaden für Eltern sein soll, die mit ADHS bei ihren Kindern konfrontiert sind. Wir hoffen, dass die hier vorgestellten Informationen und Strategien dazu beitragen können, ein unterstützendes und verständnisvolles Umfeld für Kinder mit dieser Störung zu schaffen, damit sie sich trotz der Herausforderungen, denen sie auf ihrem Weg begegnen, entwickeln und gedeihen können.

Buch 1 - ADHS: Die Störung verstehen
Kapitel 1 - Einführung in die ADHS

Die Aufmerksamkeitsdefizit-/Hyperaktivitätsstörung (ADHS) ist eine neurologische Entwicklungsstörung, die durch exekutive Dysfunktionen gekennzeichnet ist, die zu Symptomen wie Unaufmerksamkeit, Hyperaktivität, Impulsivität und emotionaler Dysregulation führen, die exzessiv und allgegenwärtig sind und Beeinträchtigungen in zahlreichen altersunangemessenen Zusammenhängen hervorrufen.

Wer ist davon betroffen?
ADHS kann jeden treffen, aber bei Männern ist es doppelt so häufig.
Die Symptome von ADHS treten in der Regel schon in jungen Jahren auf, zwischen 3 und 6 Jahren, wobei das Durchschnittsalter bei der Diagnose bei 7 Jahren liegt.
In den Vereinigten Staaten wird bei etwa 9,4 % aller Kinder ADHS diagnostiziert.
Obwohl ADHS auch bei Erwachsenen auftritt, leben schätzungsweise nur 4,4 % der Erwachsenen (ebenfalls aus der US-Studie abgeleitet) mit ADHS. Die Forschung deutet jedoch darauf hin, dass diese Zahlen steigen.

Was sind die Symptome?
ADHS-Symptome sind auf eine Dysfunktion der Exekutive zurückzuführen, und emotionale Dysregulation wird häufig als ein zentrales Symptom angesehen. Schwierigkeiten bei der Selbstregulierung wie Zeitmanagement, Hemmungen und anhaltende Aufmerksamkeit können zu schlechten schulischen Leistungen, Arbeitslosigkeit und zahlreichen Gesundheitsrisiken führen, was insgesamt zu einer verminderten Lebensqualität und einer direkten Verringerung der Lebenserwartung um durchschnittlich 13 Jahre führt. ADHS geht mit anderen neurologischen und psychischen Störungen sowie mit einigen nicht-psychischen Erkrankungen einher, die insbesondere in der modernen Gesellschaft zu weiteren Beeinträchtigungen führen können.

Obwohl Menschen mit ADHS Schwierigkeiten haben, bei Aufgaben mit zeitlich verzögerten Konsequenzen durchzuhalten, können sie bei Aufgaben, die sie intrinsisch interessant oder unmittelbar lohnend finden, ein ungewöhnlich langes Maß an Aufmerksamkeit aufrechterhalten. Dies wird als Hyperfokussierung (umgangssprachlich) oder perseveratives Reagieren bezeichnet.

Dabei handelt es sich um einen Geisteszustand, in dem eine Person so sehr in eine Aufgabe vertieft ist, dass sie alles andere zu ignorieren oder "abzuschalten" scheint, und der mit Risiken wie Internetsucht und anstößigem Verhalten in Verbindung gebracht werden kann.

Was sind die Ursachen?
Die genauen Ursachen von ADHS sind in den meisten Fällen unbekannt. Bei den meisten Menschen mit ADHS kommen viele genetische und umweltbedingte Risikofaktoren zusammen, um die Störung zu verursachen. Umweltbedingte Risiken für ADHS wirken sich am häufigsten in der pränatalen Phase aus. In seltenen Fällen kann jedoch auch ein einzelnes Ereignis ADHS auslösen, z. B. eine Kopfverletzung, eine schwerwiegende genetische Mutation oder extreme Umweltdeprivation in den ersten Lebensjahren. Es gibt keinen biologisch eindeutigen Beginn von ADHS bei Erwachsenen, außer wenn ADHS nach einem Kopftrauma auftritt.

Anzeichen und Symptome
Unaufmerksamkeit, Hyperaktivität (Unruhe bei Erwachsenen), störendes Verhalten und Impulsivität sind bei ADHS häufig. Akademische Schwierigkeiten sind häufig, ebenso wie Probleme in Beziehungen. Die Anzeichen und Symptome können schwer zu definieren sein, da es schwierig ist, eine Grenze zu ziehen, an der ein normales Maß an Unaufmerksamkeit, Hyperaktivität und Impulsivität endet und ein signifikantes Maß beginnt, das ein Eingreifen erfordert.

Nach der fünften Ausgabe des Diagnostic and Statistical Manual of Mental Disorders (DSM-5) und seiner textlichen Überarbeitung (DSM-5-TR) müssen die Symptome seit sechs Monaten oder länger in einem wesentlich größeren Ausmaß vorhanden sein als bei anderen Personen desselben Alters. Dies erfordert mindestens sechs Symptome von Unaufmerksamkeit oder Hyperaktivität/Impulsivität bei unter 17-Jährigen und mindestens fünf Symptome bei 17-Jährigen oder älter. Die Symptome müssen in mindestens zwei Bereichen auftreten (z. B. im sozialen Umfeld, in der Schule, bei der Arbeit oder zu Hause) und die Qualität des Funktionierens unmittelbar beeinträchtigen oder mindern. Außerdem müssen mehrere Symptome vor dem 12. Lebensjahr aufgetreten sein. Nach der fünften Ausgabe des Diagnostic and Statistical Manual of Mental Disorders (DSM-5) und seiner textlichen Überarbeitung (DSM-5-TR) liegt das erforderliche Alter für das Auftreten der Symptome derzeit bei 12 Jahren.

Pathophysiologie
Aktuelle Modelle der ADHS lassen vermuten, dass sie mit funktionellen Beeinträchtigungen einiger Neurotransmittersysteme des Gehirns, insbesondere der Dopamin- und Noradrenalinbahnen, verbunden ist. Dopamin- und Noradrenalinbahnen, die aus dem ventralen tegmentalen Areal und dem Locus coeruleus stammen, projizieren in verschiedene Regionen des Gehirns und steuern eine Vielzahl kognitiver Prozesse. Dopamin- und Noradrenalinbahnen, die in den präfrontalen Kortex und das Striatum projizieren, sind direkt für die Modulation der Exekutivfunktion (kognitive Verhaltenskontrolle), der Motivation, der Belohnungswahrnehmung und der motorischen Funktion verantwortlich. Es ist bekannt, dass diese Bahnen eine zentrale Rolle in der Pathophysiologie von ADHS spielen. Es wurden umfassendere Modelle von ADHS mit zusätzlichen Bahnen vorgeschlagen.

Exekutivfunktion und Motivation
ADHS-Symptome sind das Ergebnis eines Mangels an bestimmten exekutiven Funktionen (z. B. Aufmerksamkeitskontrolle, Hemmungskontrolle und Arbeitsgedächtnis). Exekutive Funktionen sind eine Reihe von kognitiven Prozessen, die erforderlich sind, um erfolgreich Verhaltensweisen auszuwählen und zu überwachen, die das Erreichen bestimmter Ziele erleichtern. Zu den Defiziten bei den exekutiven Funktionen, die bei Menschen mit ADHS auftreten, gehören Probleme bei der Organisation, dem Einhalten von Terminen, übermäßigem Aufschieben, der Aufrechterhaltung der Konzentration, der Aufmerksamkeit, dem Ignorieren von Ablenkungen, der Regulierung von Emotionen und dem Erinnern von Details. Menschen mit ADHS scheinen

ein unbeeinträchtigtes Langzeitgedächtnis zu haben, und Defizite im Langzeitgedächtnis scheinen auf Beeinträchtigungen des Arbeitsgedächtnisses zurückzuführen zu sein. Aufgrund des Reifungsprozesses des Gehirns und der zunehmenden Anforderungen an die exekutive Kontrolle mit zunehmendem Alter können sich ADHS-Defizite erst im Jugend- oder sogar frühen Erwachsenenalter vollständig manifestieren. Umgekehrt könnten Hirnreifungsverläufe, die bei ADHS möglicherweise abweichende Längstrends aufweisen, eine spätere Verbesserung der exekutiven Funktionen nach Erreichen des Erwachsenenalters unterstützen.

ADHS wird auch mit Motivationsdefiziten bei Kindern in Verbindung gebracht. Kindern mit ADHS fällt es oft schwer, sich auf langfristige statt auf kurzfristige Belohnungen zu konzentrieren, und sie zeigen impulsives Verhalten bei kurzfristigen Belohnungen.

Paradoxe Reaktion auf neuroaktive Substanzen
Ein weiteres Zeichen für die strukturell veränderte Signalverarbeitung im Zentralnervensystem ist bei dieser Personengruppe die häufig auftretende paradoxe Reaktion (ca. 10-20% der Patienten). Dabei handelt es sich um unerwartete Reaktionen in die entgegengesetzte Richtung einer normalen Wirkung oder um sonst deutlich abweichende Reaktionen. Es handelt sich um Reaktionen auf neuroaktive Substanzen wie z. B. Lokalanästhetika vom Zahnarzt, Beruhigungsmittel, Koffein, Antihistaminika, schwache Neuroleptika und zentrale und periphere Analgetika. Da die Ursachen für paradoxe Reaktionen zumindest teilweise genetisch bedingt sind, kann es in kritischen Situationen, z. B. vor Operationen, sinnvoll sein, zu fragen, ob solche Auffälligkeiten auch bei Familienmitgliedern bestehen.

Kapitel 2 - Formen von ADHS

ADHS wird in drei Hauptformen unterteilt:
1. Überwiegend Unaufmerksamkeit (ADHD-PI oder ADHD-I)
2. Überwiegend hyperaktiv-impulsiv (ADHS-PH oder ADHS-HI)
3. Kombination aus beiden Formen (ADHD-C)

In den folgenden Tabellen werden die Symptome sowohl für ADHS-I als auch für ADHS-HI anhand zweier wichtiger Klassifizierungssysteme hervorgehoben. Symptome, die sich besser durch eine andere psychische oder medizinische Erkrankung einer Person erklären lassen, werden bei dieser Person nicht als ADHS-Symptome betrachtet. Im DSM-5 wurden die Subtypen abgeschafft und als Erscheinungsformen der Störung, die sich im Laufe der Zeit verändern, neu klassifiziert.

Übung 1

Beantworten Sie die folgenden Fragen, bevor Sie über alle Arten von ADHS lesen:
- Glauben Sie, Ihr Kind leidet an ADHS? _____
- Wurde bei ihm bereits eine Diagnose gestellt? _____

Wenn Sie glauben, dass Ihr Kind an ADHS leidet und Sie noch keine Diagnose haben, schreiben Sie die Symptome und Anzeichen auf, die Sie vermuten lassen, dass Ihr Kind an dieser Störung leidet. Schreiben Sie sie auf, auch wenn Sie bereits eine Diagnose haben, damit Sie sie mit denen vergleichen können, die Sie auf den folgenden Seiten finden.

_____
_____
_____
_____

Form: Unaufmerksamkeit

	Unaufmerksamkeit
Symptome DSM-5 und DSM-5-TR	• Übersieht oft Details oder macht oberflächliche Fehler • Hat oft Schwierigkeiten, sich auf eine Aufgabe oder Spielaktivität zu konzentrieren • Scheint oft nicht zuzuhören, wenn jemand spricht, auch wenn es keine offensichtliche Ablenkung gibt • Befolgt häufig keine Anweisungen und erledigt Aufgaben nicht • Hat oft Schwierigkeiten, Aufgaben und Aktivitäten zu organisieren, Fristen einzuhalten und Ordnung zu halten • Zögert oft, sich an Aufgaben zu beteiligen, die anhaltende Aufmerksamkeit erfordern • Verliert oft Gegenstände, die für Aufgaben und Aktivitäten benötigt werden • Lässt sich oft leicht durch äußere Reize ablenken, auch durch Gedanken bei Erwachsenen und älteren Jugendlichen • Vergisst oft alltägliche Aufgaben oder ist dabei abgelenkt
Symptome ICD-11	Mehrere Symptome von Unaufmerksamkeit, die sich direkt negativ auf das berufliche, schulische oder soziale Leben auswirken. Die Symptome treten möglicherweise nicht auf, wenn man sich mit sehr anregenden Aufgaben beschäftigt, die häufig belohnt werden. Die Symptome gehören im Allgemeinen zu den folgenden Gruppen: • Schwierigkeiten, sich auf Aufgaben zu konzentrieren, die nicht sehr anregend/belohnend sind oder eine kontinuierliche Anstrengung erfordern; Details werden oft übersehen, und bei Schul- und Arbeitsaufgaben treten häufig oberflächliche Fehler auf; Aufgaben werden oft aufgegeben, bevor sie abgeschlossen sind • Lässt sich leicht ablenken (auch durch eigene Gedanken); hört möglicherweise nicht zu, wenn er spricht; scheint oft in seine eigenen Gedanken versunken • Verliert oft Dinge, ist vergesslich und desorganisiert bei den täglichen Aktivitäten • Die Person könnte auch die Kriterien für Hyperaktivität-Impulsivität erfüllen, aber die Symptome der Unaufmerksamkeit sind vorherrschend

Form: Hyperaktivität - Impulsivität

	Hyperaktivität - Impulsivität
Symptome DSM-5 und DSM-5-TR	• Ist oft nervös oder zappelt in seinem Stuhl • Fällt ihm oft schwer, beim Essen, im Unterricht, in Sitzungen usw. still zu sitzen • Rennt oder klettert oft herum. Bei Erwachsenen und Jugendlichen kann sich dies nur als Unruhe äußern. • Kann sich oft nicht in Ruhe an Freizeitaktivitäten oder Spielen beteiligen • Scheint oft "in Bewegung" zu sein oder sich unwohl zu fühlen, wenn er nicht in Bewegung ist • Redet oft zu viel • Beantwortet oft eine Frage bevor sie zu Ende gestellt wurde, oder beendet die Sätze anderer • Hat oft Schwierigkeiten zu warten, bis er an der Reihe ist, auch in einer Warteschlange • Unterbricht oft oder dringt in Gespräche oder Aktivitäten anderer ein oder benutzt fremde Gegenstände, ohne zu fragen.
Symptome ICD-11	Mehrere Symptome von Hyperaktivität/Impulsivität, die sich direkt negativ auf das berufliche, schulische oder soziale Leben auswirken. Typischerweise treten diese Symptome eher in strukturierten Umgebungen auf oder erfordern Selbstkontrolle. Die Symptome gehören im Allgemeinen zu den folgenden Gruppen: • Übermäßige motorische Aktivität; hat Schwierigkeiten, still zu sitzen, verlässt oft den Stuhl; zieht es vor, zu rennen; Unruhe bei jüngeren Kindern, bei dem Versuch, still zu sitzen; bei Jugendlichen und Erwachsenen ein Gefühl der körperlichen Unruhe oder Unbehagen, ruhig und still zu bleiben • Redet zu viel; hat Schwierigkeiten, sich in Ruhe an Aktivitäten zu beteiligen • Reagiert impulsiv oder kommentiert; hat Mühe, in Gesprächen, Spielen oder Aktivitäten zu warten, bis er an der Reihe ist; unterbricht oder mischt sich in Gespräche oder Spiele ein

	• Mangelnde Voraussicht oder Abwägung der Folgen bei Entscheidungen oder Handlungen, stattdessen Tendenz zum sofortigen Handeln (z. B. körperlich gefährliches Verhalten, einschließlich rücksichtsloses Fahren; impulsive Entscheidungen) Die Person kann auch die Kriterien für Unaufmerksamkeit erfüllen, aber die hyperaktiv-impulsiven Symptome überwiegen.

Kombination aus beiden Formen

	Kombiniert
Symptome DSM-5 und DSM-5-TR	Sie erfüllt die Kriterien sowohl für ADHS vom unaufmerksamen als auch vom hyperaktiv-impulsiven Typ.
Symptome ICD-11	Die Kriterien werden sowohl für ADHS vom unaufmerksamen Typ als auch vom hyperaktiv-impulsiven Typ erfüllt, ohne dass eine der beiden Formen eindeutig überwiegt.

ADHD vs. ADD
Dem Child Mind Institute zufolge hat die Psychiatrie aufgehört, die Aufmerksamkeitsdefizitstörung (ADD) als Diagnose zu verwenden, und benutzt stattdessen den Begriff "ADHS". Einige Kinder mit dieser Störung zeigen Hyperaktivität, andere nicht.

"Das Fazit ist, dass die Diagnose ADHS auch dann gestellt werden kann, wenn ein Kind kein hyperaktives oder impulsives Verhalten zeigt. Das kann für Eltern verwirrend sein. Es ist besonders wichtig, dass Kinder mit auffälligen ADHS-Symptomen von einem erfahrenen Arzt untersucht werden, da diese Kinder in der Schule eher vernachlässigt werden können."
-Dave Anderson, PhD, Child Mind Institute

Erforschung der sieben ADHS-Typen

Die American Psychiatric Association führt drei Formen von ADHS auf: überwiegend inaktiv (manchmal auch als inaktives ADS bezeichnet), überwiegend hyperaktiv-impulsiv oder eine kombinierte Form von ADHS. Dr. Daniel Amen, ein bekannter Psychiater und ADHS-Spezialist, hat jedoch Leitlinien zur Festlegung von sieben ADHS-Typen vorgeschlagen, die im Folgenden erläutert werden.

Typ 1: Klassisches ADHS
Dies ist die häufigste Form von ADHS. Laut Dr. Amen gehören zu den klassischen Symptomen von ADS bei Kindern aktive und unruhige Kleinkinder sowie unruhige, redselige und impulsive Kinder. Das hyperaktive, konfliktträchtige Verhalten verlangt oft nach Aufmerksamkeit. Eltern können sich durch das unaufhörliche und schwer zu kontrollierende Verhalten ihres Kindes erschöpft und überwältigt fühlen.

Dr. Amen untersucht die Störung mit Hilfe von Hirnscans, und seine Forschungen zeigen, dass die klassische ADHS häufig mit einer verminderten Aktivität in Teilen des präfrontalen Kortex, des Basalganglions und des Kleinhirns einhergeht. Anomalien in diesen Hirnstrukturen beeinträchtigen die Produktion von Dopamin im Gehirn, einem Neurotransmitter, der mit Aufmerksamkeit, Motivation und dem Ruhepuls des Körpers in Verbindung steht.

Zu den Symptomen des klassischen ADS können gehören:
- Schwierigkeiten beim Zuhören, wenn andere sprechen
- Grenzenlose Energie, wie von einem Motor angetrieben
- Ständige Bewegung und Vorliebe für körperliche Aktivität
- Neigung zu Lärm
- Übermäßiges Gerede
- Häufige Unterbrechungen
- Chronische Traurigkeit auf niedrigem Niveau, die keine Depression ist

Typ 2: Inaktives ADHS
Inaktives ADHS ist nach den Forschungen von Dr. Amen die zweithäufigste Form. Menschen mit dieser Art von ADHS haben eher eine ruhige Persönlichkeit und sind introvertiert. Sie können häufig tagträumen, was dazu führt, dass sie als unmotiviert, langsam oder faul abgestempelt werden. Da es bei dieser Form von ADHS weniger Verhaltensprobleme gibt, wird sie oft übersehen. Hirnscans zeigen die gleiche verminderte Aktivität wie bei der klassischen ADHS.

Zusätzlich zu den oben aufgeführten Hauptsymptomen und -merkmalen können Menschen mit inaktiver ADHS auch andere Symptome aufweisen:
- Konzentrationsschwierigkeiten
- Abwesenheit von Hyperaktivität
- Schwierigkeiten, anderen zuzuhören, wenn sie sprechen
- Neigung, Gegenstände und Dinge zu verlieren
- Probleme mit dem Zeitmanagement
- Wenig Aufmerksamkeit für Details
- Häufige Tagträumereien und Klagen über Langeweile
- Unmotiviertes, apathisches oder besorgtes Auftreten
- Langsame Bewegungen oder anhaltende Müdigkeit

Typ 3: Hyperfokalisiertes ADHS
Konzentration erfordert die Fähigkeit, die Aufmerksamkeit nach Belieben auf eine neue Aufgabe zu richten. Für Menschen mit hyperfokussiertem ADHS (auch hyperfokussiertes ADS genannt) kann dies jedoch eine große

Herausforderung darstellen. Bei dieser Art von ADHS ist der Betroffene nicht fähig, seine Aufmerksamkeit auf ein Thema zu richten, während er alles um sich herum ignoriert. Hirnscans zeigen eine erhöhte Aktivität in Ruhe und Konzentration im anterioren cingulären Gyrus des Gehirns, zusammen mit der bereits erwähnten verringerten Aktivität.

Zusätzlich zu den oben aufgeführten Hauptsymptomen und -merkmalen können Menschen mit hyperfokussiertem ADHS auch andere Symptome aufweisen:
- Unbegründete oder übermäßige Besorgnis
- Neigung, in negativen Gedankenkreisen stecken zu bleiben
- Oppositionelle oder streitlustige Persönlichkeitsmerkmale
- Zwanghaftes Verhalten
- Neigung zu Missgunst
- Schwierigkeiten beim Wechsel von einer Tätigkeit zur anderen
- Die Wahrscheinlichkeit, sich zu ärgern, wenn Dinge nicht auf eine bestimmte Weise erledigt werden
- Die Wahrscheinlichkeit, dass man seine eigene Meinung vertritt und andere ignoriert
- Sie kann Hyperaktivität beinhalten, muss es aber nicht.

Typ 4: ADHS im Schläfenlappen
ADHS im Schläfenlappen (auch ADS im Schläfenlappen genannt) umfasst typische Merkmale der Störung und fügt Symptome hinzu, die mit Problemen im Schläfenlappen des Gehirns verbunden sind, wie Lernen, Gedächtnis, Stimmungsstabilität, Aggression, Temperament und in einigen Fällen Gewalt. Hirnscans zeigen eine verringerte Aktivität im Schläfenlappen im Ruhezustand.

Zusätzlich zu vielen der oben aufgeführten klassischen Symptome und Merkmale können Menschen mit Temporallappen-ADHS folgende Symptome aufweisen
- Gedächtnisprobleme
- Probleme bei der auditiven Verarbeitung
- Stimmungsschwankungen, wie reizbares Verhalten und schnelles Temperament
- Empfindsamkeit oder leichte Paranoia

- Phasen der Ablenkung oder Verwirrung, Panik oder Angst ohne Grund
- Sehstörungen, in dem man Schatten sieht
- Episoden von Déjà-vu
- Kopf- oder Unterleibsschmerzen ohne erkennbare Ursache
- Dunkle Gedanken
- Mögliche Lernstörungen
- Sie kann Hyperaktivität beinhalten, muss es aber nicht.

Typ 5: Limbisches ADHS
Limbisches ADHS (auch limbisches ADS genannt) beeinträchtigt die Hirnregion, die für die emotionale Kontrolle und die "Kampf-oder-Flucht"-Reaktion zuständig ist. Depressionen betreffen denselben Bereich des Gehirns. Die Forschungsergebnisse von Dr. Amen deuten darauf hin, dass eine Untersuchung von Gehirnscans (die zusätzlich zu den klassischen ADHS-Mustern eine erhöhte Aktivität im limbischen Bereich des Gehirns zeigen) zur Unterscheidung der beiden psychischen Erkrankungen und zur Bestimmung der besten Behandlungsmethode verwendet werden kann.

Zusätzlich zu den oben aufgeführten Hauptsymptomen und -merkmalen können Menschen mit limbischem ADHS auch andere Symptome aufweisen:
- Häufige Wutanfälle und Reizbarkeit
- Negative Einstellung
- Niedriges Energieniveau
- Neigung zur sozialen Isolation
- Gefühle von Verzweiflung und vermeintlicher Hilflosigkeit
- Schuldgefühle
- Anhedonie oder Verlust von Interesse und Freude an Aktivitäten
- Veränderungen im Schlafverhalten
- Chronisch geringes Selbstwertgefühl
- Sie kann Hyperaktivität beinhalten, muss es aber nicht.

Typ 6: "Ring of Fire"-ADHS
Menschen mit "Ring of Fire"-ADHS (manchmal auch "Ring of Fire"-ADD genannt) zeigen typischerweise Muster hoher Aktivität im gesamten Gehirn und haben Schwierigkeiten, ihren Verstand "abzuschalten", was dazu

führen kann, dass Gedanken und Emotionen überwältigend werden. Laut Dr. Amen können sich die Symptome des "Ring of Fire"-ADHS allein durch die Einnahme von Stimulanzien erheblich verschlimmern. Laut Dr. Amen kann ADHS mit Infektionen, Allergien, Entzündungen des Gehirns oder einer bipolaren Störung zusammenhängen. Die Untersuchung von Hirnscans zeigt einen "Ring" von Hyperaktivität, obwohl es oft Unterschiede zwischen den einzelnen Personen gibt.

Zusätzlich zu den oben aufgeführten Hauptsymptomen und -merkmalen neigen Menschen mit ADHS dazu, auch andere Symptome zu erleben:
- Unvorhersehbares Verhalten
- Empfindlichkeit gegenüber Berührung, Lärm, Licht oder Kleidung
- Zyklische Stimmungsschwankungen von Hoch zu Tief und wieder zurück
- Starres und unflexibles Denken
- Widersprüchliches Misstrauen
- Verhaltensphasen mit bösen, brutalen oder unsensiblen Bemerkungen, erhöhter Redseligkeit oder erhöhter Impulsivität
- Großartiges Denken
- Kurze Worte und Gedanken
- Ängstliches oder verängstigtes Auftreten
- Reizbarkeit
- Sie kann Hyperaktivität beinhalten, muss es aber nicht.

Typ 7: Ängstliches ADHS
Bei ängstlichem ADHS ist die Aktivität im präfrontalen Kortex reduziert, während das Basalganglion, das mit der Angst zusammenhängt und die "Ruhegeschwindigkeit" des Körpers steuert, hyperaktiv ist, so Dr. Amen in seiner Hirnscan-Studie. ADHS-Symptome werden in der Regel durch Stress oder Angst verstärkt, und die Behandlung umfasst in der Regel sowohl Beruhigung als auch Hirnstimulation.

Zusätzlich zu den oben aufgeführten Hauptsymptomen und -merkmalen können Menschen mit ängstlichem ADHS folgende Symptome aufweisen
- Häufige Unruhe oder Nervosität
- Körperliche Symptome von Stress wie Kopfschmerzen

- Neigung, in sozialen Situationen stecken zu bleiben
- Ekel vor öffentlichen Auftritten, oft mit extremer Nervosität
- Er sagt das Schlimmste voraus.
- Aktive Konfliktvermeidung
- Angst, verurteilt zu werden

Kapitel 3 - Symptome und Anzeichen

Die Symptome unterscheiden sich je nach Geschlecht und Alter der Betroffenen.
Mädchen und Frauen mit ADHS zeigen zum Beispiel tendenziell weniger Symptome von Hyperaktivität und Impulsivität, dafür aber mehr Symptome von Unaufmerksamkeit und Ablenkung.
Die Symptome äußern sich mit zunehmendem Alter anders und subtiler. Hyperaktivität wird mit zunehmendem Alter tendenziell unauffälliger und äußert sich bei Jugendlichen und Erwachsenen mit ADHS in innerer Unruhe, Schwierigkeiten, sich zu entspannen oder still zu halten, Redseligkeit oder ständiger geistiger Aktivität. Impulsivität im Erwachsenenalter kann sich als Gedankenlosigkeit, Ungeduld, unverantwortliche Ausgaben und sensationslüsternes Verhalten äußern, während sich Unaufmerksamkeit als leichte Langeweile, Schwierigkeiten bei der Organisation, Konzentration auf eine Aufgabe und beim Treffen von Entscheidungen sowie Stressempfindlichkeit äußern kann.
Emotionale Dysregulation oder Stimmungsschwankungen werden zwar nicht als offizielles Symptom für diese Erkrankung aufgeführt, gelten aber allgemein als häufiges Symptom von ADHS. Menschen mit ADHS aller Altersgruppen haben mit größerer Wahrscheinlichkeit Probleme mit sozialen Fähigkeiten, wie z. B. sozialer Interaktion und dem Aufbau und der Pflege von Freundschaften. Dies gilt für alle Erscheinungsformen.
Etwa die Hälfte der Kinder und Jugendlichen mit ADHS erlebt soziale Ablehnung durch Gleichaltrige, verglichen mit 10-15 % der Kinder und Jugendlichen ohne ADHS. Menschen mit ADHS neigen dazu, Schwierigkeiten im Umgang mit verbaler und nonverbaler Sprache zu haben, was sich negativ auf die soziale Interaktion auswirken kann. Sie können auch während Gesprächen abgelenkt werden, verpassen soziale Signale und haben Schwierigkeiten, soziale Fähigkeiten zu erlernen.

Schwierigkeiten im Umgang mit Wut sind bei Kindern mit ADHS häufiger, ebenso wie Verzögerungen in der Sprach-, Sprech- und motorischen Entwicklung. Eine schlechte Handschrift ist bei Kindern mit ADHS häufiger anzutreffen. Schlechte Handschrift kann in vielen Situationen ein

Symptom von ADHS sein, das auf eine verminderte Aufmerksamkeit zurückzuführen ist. Wenn dies ein durchgängiges Problem ist, könnte es auch auf Legasthenie oder Dysgraphie zurückzuführen sein. Die Symptome von ADHS, Legasthenie und Dysgraphie überschneiden sich in erheblichem Maße, und bei 30 % der Personen, bei denen Legasthenie diagnostiziert wurde, tritt gleichzeitig ADHS auf. Obwohl es erhebliche Schwierigkeiten verursacht, haben viele Kinder mit ADHS eine gleich lange oder längere Aufmerksamkeitsspanne als andere Kinder für Aufgaben und Themen, die sie interessant finden.

Jedes Kind ist manchmal abgelenkt oder hyperaktiv.
Den Eltern kommen die meisten Kinder hyperaktiv vor. Sie sind ständig in Bewegung, lassen sich leicht ablenken und haben unendlich viel Energie.

Symptome

ADHS ist eine chronische Krankheit. Mehr als 60 Prozent der Kinder, die darunter leiden, bleiben bis ins Erwachsenenalter davon betroffen. Eine frühzeitige Diagnose kann dazu beitragen, dass das Kind die nötige Behandlung erhält und dass die Eltern in die Lage versetzt werden, mit der Krankheit umzugehen.
ADHS-Symptome sind häufige Verhaltensweisen, die bei allen Kindern zu beobachten sind. ADHS ist komplex. Man kann nicht einfach ein paar Symptome von einer Liste abhaken und die Diagnose stellen. Jedes Kind zeigt an der einen oder anderen Stelle ein ADHS-Symptom. Man sieht es vielleicht und denkt, dass etwas nicht stimmt. Aber im Großen und Ganzen zeigt er ein normales Verhalten für ein Kind in seinem Alter.

Diese Verhaltensweisen werden im Diagnostic and Statistical Manual of Mental Disorders, Fifth Edition (DSM-5) der American Psychiatric Association beschrieben und fallen in zwei Gruppen: Aufmerksamkeit und Hyperaktivität/Impulsivität. In jeder Kategorie gibt es neun Symptome, die mit ADHS in Verbindung gebracht werden.

Anzeichen für Ablenkung
Aufmerksamkeit ist die Hälfte des Problems bei ADHS. Ob gegenüber den Eltern oder einem Lehrer, zu Hause oder in der Schule, Kinder mit ADHS

haben oft Schwierigkeiten, aufmerksam zu sein. Dies beeinträchtigt ihre Fähigkeit, zuzuhören, zu lernen und sogar zu denken. Ihr Kind hat vielleicht Probleme mit:.

- Konzentration auf Aufgaben oder Spiele
- Zuhören, wenn jemand (auch Sie als Elternteil oder Lehrer) direkt mit ihm spricht
- Ausführen von Anweisungen, Aufgaben oder Hausarbeiten
- Organisieren von Aufgaben oder Aktivitäten
- Erledigung von Aufgaben, die über einen längeren Zeitraum hinweg geistige Anstrengung erfordern, und Äußerung einer Abneigung oder völligen Vermeidung dieser Dinge
- Behält aber den Überblick über seine Gegenstände, wie Schulmaterial, Brille oder Telefon
- Sich bei täglichen Aktivitäten an Dinge erinnern

Anzeichen von Hyperaktivität und Impulsivität

Ein reizbares Kind mit viel Energie, das jedem Impuls folgt, kann in den Bereich der Hyperaktivität und Impulsivität der Störung fallen. Diese Verhaltensweisen können eher destruktiv sein, vor allem in der Schule. Ihr Kind kann:

- Schütteln, Wackeln und ständiges Berühren der Hände oder Füße
- Aufstehen von seinem Stuhl in der Schule, in der Kirche oder in anderen Situationen, in denen er sitzen bleiben sollte
- Laufen und Klettern an ungeeigneten Orten oder in ungeeigneten Situationen
- Nicht in der Lage sein, in Ruhe zu spielen oder sich an Freizeitaktivitäten beteiligen
- Eine starke körperliche Aktivität haben und immer in Bewegung sein
- Übermäßig Reden
- Die Antworten aussprechen, bevor die Fragen gestellt sind
- Nicht warten, bis es an der Reihe ist

Vielleicht sehen Sie sich diese Listen an und denken: "Ja, das ist mein Baby". Auch wenn viele dieser Verhaltensweisen in der falschen

Umgebung destruktiv (und sogar peinlich) sind, können sie für das Alter Ihres Kindes völlig normal sein.

Die Anzeichen können sich jedoch schon sehr früh zeigen. ADHS kann bereits im Alter von vier Jahren diagnostiziert werden. Um im Alter zwischen vier und 16 Jahren diagnostiziert zu werden, muss ein Kind sechs oder mehr Symptome über einen Zeitraum von mehr als sechs Monaten aufweisen, wobei die meisten Anzeichen vor dem 12 Lebensjahr auftreten sollten. Die Verhaltensweisen müssen sich in mehr als einem Umfeld manifestieren, z. B. in der Schule und zu Hause, und in diesem Kontext Probleme verursachen.

Entscheidend für die Diagnose ist, dass die Symptome das tägliche Funktionieren beeinträchtigen und die meiste Zeit, wenn nicht sogar die ganze Zeit, auftreten. Denken Sie daran: Jeder Mensch erlebt diese Symptome in gewissem Maße, aber nicht mit der Häufigkeit und Schwere von ADHS-Patienten.

Symptome von ADHS bei Kleinkindern

1.   Impulsives Verhalten
Kleine Kinder werden oft mit den "schrecklichen Zwillingen" in Verbindung gebracht. Kein Elternteil ist vor dieser Phase gefeit. Aber für Eltern, die Kinder mit ADHS haben, wird der Begriff "schreckliche Zwillinge" oft noch verstärkt. Mit anderen Worten: Kinder mit ADHS zeigen all die "normalen" Verhaltensweisen, die auch andere Kinder zeigen, doch anstatt im Alter von 3 oder 4 Jahren "aus diesen Verhaltensweisen herauszukommen", werden sie schwerer, auffälliger, häufiger und schwieriger zu bewältigen.
Die ersten Anzeichen können deutlicher werden, wenn das Kind in den Kindergarten oder die Vorschule kommt und sozial aufmerksamer wird. Es kann auch Schwierigkeiten haben, still zu sitzen und ruhig mit anderen Kindern zu spielen.

ADHS wird in der Regel in der frühen Kindheit diagnostiziert, kann aber auch schon im ersten oder zweiten Lebensjahr des Kindes auftreten. Daher ist es wichtig, zwischen dem "normalen" Verhalten eines Kindes und den ersten Anzeichen von ADHS zu unterscheiden. Wenn Sie die Anzeichen von ADHS bei Kleinkindern kennen, können Sie ihnen die Dienste anbieten, die sie benötigen, um ein glückliches und produktives Individuum zu werden.

Die ersten Anzeichen von ADHS bei Kleinkindern sind im Folgenden aufgeführt:
- Leichte Ablenkbarkeit: Kinder mit ADHS haben im Allgemeinen eine kurze Aufmerksamkeitsspanne. Tatsächlich schaffen es die meisten nur, sich 5-10 Minuten lang zu unterhalten (z. B. mit Spielzeug zu spielen oder fernzusehen), bevor sie sich langweilen oder durch etwas anderes abgelenkt werden. Es fällt ihnen sogar schwer, sich auf Dinge zu konzentrieren, die sie wirklich interessieren.
- Sie brauchen viel Struktur, um richtig funktionieren zu können. Daher sind "unstrukturierte" Aufgaben (Aufgaben, die sie allein erledigen müssen) besonders schwierig für sie. Warum? Weil diese Kinder sich leicht ablenken lassen und daher schnell das Interesse an Aktivitäten verlieren.

Wenn Sie den Verdacht haben, dass Ihr Kind erste Anzeichen von ADHS aufweist, sollten Sie seine Aktivitäten auf solche beschränken, die seine Aufmerksamkeit erregen (z. B. Spielen mit blinkendem oder lautem Spielzeug, "Spielplatzspiele" usw.).). Es ist wichtig, dass Sie sich darüber im Klaren sind, dass es vorkommen kann, dass Sie sich mit Ihrem Kind unterhalten und seine Aufmerksamkeit auf ein neues Geräusch oder Bild gelenkt wird.

2. Aggressiv und ungehorsam

Kleine Kinder mit ADHS sind in der Regel "beschäftigt". Mit anderen Worten, sie sind hochenergetische kleine Wesen, die ständig in Bewegung sind. Man kann sie sich als kleine "Energiehasen" vorstellen. Und weil sie ständig in Bewegung sind, neigen sie zu Unfällen. Außerdem neigen sie dazu, ungeschickt zu sein und sich oft zu verletzen, weil sie die meiste Zeit in ständiger Bewegung sind. Kleine Kinder mit ADHS achten auch nicht unbedingt darauf, wo sie sich aufhalten oder wo ihre Eltern oder Erziehungsberechtigten sind, was bedeutet, dass sie aus Sicherheitsgründen ständig beaufsichtigt werden müssen.

Es ist auch üblich, dass sie Schwierigkeiten haben, still zu stehen. Sie ziehen es vor, sich zu bewegen, mit Dingen "herumzuspielen" und sich mit ihren Spielkameraden im Kindergarten zu unterhalten. Sie neigen auch eher zu schweren Nervenzusammenbrüchen, "Anfällen" und Ausbrüchen, wenn sie gezwungen werden, zu lange zu sitzen. Außerdem haben diese Kinder oft Schwierigkeiten, im Kindergarten Freunde zu finden und zu halten.

Es ist auch wichtig zu verstehen, dass Kinder mit ADHS Schwierigkeiten haben, ihr eigenes Verhalten zu steuern und daher nicht wissen, wie sie sich anderen Kindern gegenüber "richtig" verhalten sollen. Mit anderen Worten: Diese Erkrankung beeinflusst die Art und Weise, wie sie mit anderen Kindern spielen, und führt dazu, dass sich potenzielle Spielkameraden von ihnen abwenden.

Schließlich haben sie die Angewohnheit, ihre eigenen Spielsachen und die der anderen zu zerbrechen und/oder zu zerstören, manchmal aus Neugier und Unachtsamkeit, manchmal mit Absicht. Kinder, die warten müssen, bis sie an der Reihe sind, oder die ihr Spielzeug mit anderen teilen müssen, schreien, treten, beißen, werfen mit Gegenständen, schubsen, kneifen und spucken andere Kinder, ihre Eltern, Kindergärtnerinnen und/oder andere Personen an, die versuchen, sie zu behindern oder daran zu hindern, das zu tun, was sie wollen.

3. Unruhig und unkontrollierbar

Kinder mit ADHS sind in der Regel hyperaktiv, das heißt, sie hassen es, sich hinzusetzen. Infolgedessen können sie unruhig und unkontrollierbar wirken. Und weil sie ständig in Bewegung sind, besteht immer die Gefahr von Verletzungen. Wenn sie einmal "zappelig" werden, kann es Stunden dauern, bis sie sich wieder beruhigen.

Verhaltensweisen wie Unruhe und Unkontrollierbarkeit können besonders zerstörerisch sein, sobald sie in den Kindergarten kommen. Diese Verhaltensweisen können sich wie folgt äußern: übermäßiges Reden; ständiges Aufstehen von Stühlen; Unfähigkeit, friedlich mit anderen Kindern zu spielen - z. B. Anweisungen missachten, sich daneben benehmen, andere unterbrechen, in der Reihe vor andere springen, Widerworte geben, kämpfen usw., anderen Kindern das Spielzeug wegnehmen usw.

Sie können auch Schlafprobleme haben, d. h. die Unfähigkeit, einzuschlafen und während der Nacht durchzuschlafen.

Schlechte Schlafgewohnheiten können zu ausgeprägteren ADHS-Symptomen wie Unaufmerksamkeit, Impulsivität und "Reizbarkeit" führen. Mit anderen Worten: Schlafmangel kann die ADHS-Symptome eines Kindes sogar verschlimmern. Obwohl die meisten kleinen Kinder hin und wieder mal unruhig und unkontrollierbar sind, neigen Kinder mit ADHS dazu, diese Verhaltensweisen fast ständig an den Tag zu legen. Hinweis: Unkontrollierbarkeit kann gefährlich sein, wenn sie nicht richtig kontrolliert wird.

Mit anderen Worten: Sie können schubsen, greifen, treten oder aggressiv Gegenstände aus Geschäften oder von anderen Kindern stehlen. Und weil sie "wild" sein können, besteht die Gefahr, dass sie impulsiv in den Verkehr rennen und/oder von ihren Eltern und Bezugspersonen weglaufen. Vergessen Sie nicht, dass Kinder mit ADHS schnell sind, d. h. sie können sehr schnell von einer Aktivität zur nächsten wechseln, noch bevor sie die vorherige Aktivität beendet haben. Außerdem sind sie ständig auf der Suche nach etwas Neuem und Aufregendem, das sie ausprobieren können, so dass es ihnen schwer fällt, geduldig zu sein.

Symptome von ADHS bei Vorschulkindern

ADHS wird in der Regel vor dem siebten Lebensjahr diagnostiziert, was bedeutet, dass viele, wenn nicht sogar die meisten, Kinder bereits im Vorschulalter mit der Störung konfrontiert werden.

Die wichtigsten Symptome von ADHS bei Vorschulkindern sind Unaufmerksamkeit, Hyperaktivität und Impulsivität, was mindestens sechs Monate andauert. Damit die Diagnose ADHS gestellt werden kann, muss das Vorschulkind außerdem einen oder mehrere der folgenden Indikatoren aufweisen: Unaufmerksamkeit, Hyperaktivität und/oder Impulsivität. Die Indikatoren müssen auffälliger und störender sein als bei anderen Kindern der gleichen Altersgruppe.

Und schließlich MUSS es diese Auffälligkeit(en) in einer Vielzahl von Situationen zeigen. Andererseits hat ein Vorschulkind, das nur im Kindergarten oder in der Vorschule Schwierigkeiten hat, auf seinem Platz zu sitzen, aber nicht in der Kirche oder zu Hause, wahrscheinlich kein ADHS.

Die Anzeichen für ADHS bei Vorschulkindern sind im Folgenden aufgeführt:

1. Schenkt keine Aufmerksamkeit

Vorschulkinder mit ADHS, die unaufmerksam sind und Schwierigkeiten haben, auf Anweisungen zu achten und diese im Unterricht zu befolgen, neigen dazu, mehr Fehler zu machen als Vorschulkinder ohne diese Störung, die sich ablenken lassen. Außerdem lassen sie Aufgaben oft unvollendet und/oder lassen sich leicht ablenken, nicht nur, wenn sie sie erledigen müssen, sondern auch, wenn sie mit Gleichaltrigen spielen. Außerdem können Vorschulkinder mit ADHS Dinge leichter "vergessen" oder verlieren als andere Kinder.

Lehrer und Eltern können die Unaufmerksamkeit eines Vorschulkindes als freiwilligen Ungehorsam fehlinterpretieren, während sie in Wirklichkeit nur ein Symptom seines Zustandes ist. Selbst wenn ein Vorschulkind klare Anweisungen erhält, kann es Schwierigkeiten haben, diese Anweisungen zu verarbeiten oder neue Befehle zu lernen. Schließlich kann es von einer Aktivität zur anderen springen und/oder gewohnheitsmäßig tagträumen.

2. Übermäßig gesprächig und aufgeregt

Kinder mit dieser Störung neigen dazu, ständig in Bewegung und sehr "gesprächig" zu sein. Es kann ihnen schwerfallen, im Klassenzimmer ruhig zu sitzen und/oder Aktivitäten, die auf Konzentration beruhen, ruhig zu erledigen. Sie ziehen es vor, im Klassenzimmer herumzurennen, Dinge "durcheinanderzubringen" oder anzufassen oder mit gefährlichen oder verbotenen Gegenständen zu spielen, wie z. B. Fernsehkabeln, Jalousien, Vasen, Scheren, dem Schreibtisch usw.

Es kann ihnen schwer fallen, sich an Aktivitäten zu beteiligen, die "Stille" erfordern, wie z. B. mit der Familie zu Abend zu essen, Fernsehsendungen oder Filme anzuschauen, sich verwöhnen zu lassen und/oder sich eine Gutenachtgeschichte vorlesen zu lassen. .
Sie können auch Schwierigkeiten haben, allein ruhig zu spielen. Sie können sogar unruhig und ängstlich werden, wenn sie gezwungen werden, an Aktivitäten teilzunehmen, die längere "Stille" und "Ruhe" erfordern.

3. Ungeduldig und rücksichtslos

Es ist üblich, dass sie ungeduldig sind, sich regelmäßig unüberlegt verhalten und Antworten auf Fragen geben, die noch nicht vollständig gestellt wurden.
Sie haben auch Schwierigkeiten, ihre Emotionen und ihr Verhalten zu kontrollieren, was zu ungeduldigen und impulsiven Handlungen führt, wie z. B. anderen Kindern das Spielzeug wegzunehmen, Schwierigkeiten, sich in die Warteschlange für das Mittagessen oder die Spielzeit einzureihen, andere Menschen zu unterbrechen, während sie sich unterhalten, und Dinge sofort zu erledigen, wenn sie aufgefordert werden zu warten.

Symptome von ADHS bei Kindergartenkindern

Ein Kindergartenkind kann ADHS haben, wenn es Schwierigkeiten hat, im Unterricht still zu sitzen, häufig Wutanfälle und Ausbrüche hat, nicht gerne mit anderen Kindern teilt, sich nicht lange konzentrieren kann, sich langweilt und leicht ablenken lässt, Dinge tut, ohne nachzudenken, unvorsichtige und sich wiederholende Fehler macht, Schwierigkeiten hat, einfache Aufgaben zu erledigen, die Konzentration erfordern, oder aufgrund seiner Aggressivität und schlechten sozialen Fähigkeiten keine Freunde findet und behält.

Die Anzeichen für ADHS bei Kindergartenkindern sind im Folgenden aufgeführt:

1. **Schwierigkeiten, sich zu konzentrieren**

Kindergartenkinder mit ADHS haben im Allgemeinen Schwierigkeiten, sich zu konzentrieren. Sie sind jedoch besser in der Lage, sich zu konzentrieren, wenn sie etwas tun, das sie anregt oder interessiert. Wenn ein Kind zum Beispiel gerne mit Autos und Lastwagen spielt, kann es vielleicht 30 Minuten bis eine Stunde lang mit diesen Spielzeugen spielen, ohne das Interesse zu verlieren. Sitzt es dagegen in der Klasse und rezitiert mit seinen Mitschülern das Alphabet, und diese Tätigkeit reizt es nicht, verliert es vielleicht schon in den ersten 5 Minuten das Interesse. Infolgedessen könnte es aufhören, dem Unterricht zuzuhören, aufstehen und im Raum herumlaufen.

2. **Geschwätzig, nachlässig und ungeduldig**

Obwohl viele kleine Kinder von Zeit zu Zeit redselig, nachlässig und ungeduldig sein können, zeigen Kindergartenkinder mit ADHS diese Tendenzen die meiste Zeit über. Mit anderen Worten: Sie unterbrechen Erwachsene immer wieder beim Reden, treffen Entscheidungen, ohne sie zu durchdenken, handeln impulsiv, wenn sie etwas tun wollen, und reden die meiste Zeit übermäßig viel.

Es kann soziale Signale nicht deuten und nicht angemessen reagieren, vor allem nicht in den ersten Lebensjahren. Ein Kindergartenkind mit ADHS kann zum Beispiel mit der Antwort auf eine Frage herausplatzen, bevor die Lehrerin jemanden aufgerufen hat, der sie beantworten soll. Hinweis: Diese Verhaltensweisen sind bei Kindergartenkindern üblich, bei Kindern mit ADHS treten sie jedoch häufiger auf.

Außerdem kann es passieren, dass sie dasselbe Verhalten wiederholen, selbst wenn sie gescholten und gezüchtigt werden.
Dieses Kind weiß, dass es den Lehrer und die Klassenkameraden nicht unterbrechen, keine ausschweifenden Antworten geben, nicht das Spielzeug anderer beim Spielen nehmen, nicht während des Unterrichts sprechen und/oder nicht aufstehen darf, um im Raum herumzulaufen, aber es kann es einfach nicht vermeiden: Es ist ein Zwang.

Ein Kindergartenkind mit ADHS hat wenig oder keine Kontrolle über diese Verhaltensweisen. Die Eltern erhalten jedoch möglicherweise zahlreiche

Anrufe von der Schule wegen der mangelnden Aufmerksamkeit ihres Kindes, seines impulsiven Verhaltens und seiner Hyperaktivität. Konkret können die Lehrer anführen, dass das Kind Anweisungen nicht befolgt, unaufmerksam ist, im Unterricht nicht aktiv zuhört, nicht auf seinem Platz bleibt und/oder während des Unterrichts "Witze" macht oder andere Kinder stört. Auf Lehrer und Mitschüler kann das Kind impulsiv, "übermäßig hyperaktiv" und destruktiv wirken.

3. Schwierigkeiten, ruhig und gelassen zu bleiben

Kindergartenkindern mit dieser Störung fällt es oft schwer, sich während des Mittagsschlafs hinzulegen, während der Märchenstunde still zu sitzen, im Unterricht aufmerksam zu sein und bei "stillen Aufgaben" ruhig zu sein. Sie können auch den Lehrer unterbrechen, wenn er Anweisungen gibt, Gegenstände in ihrer Umgebung berühren, riechen oder ablecken, den Gesprächen anderer zuhören, während des Mittagessens mehrmals aufstehen usw.

Mit anderen Worten, sie haben vielleicht ständig das Bedürfnis, sich zu bewegen, d. h. sie wackeln und zappeln auf den Sitzen, stampfen mit den Füßen, spielen mit Tassen oder Tellern, stehen im Laufe des Tages wiederholt auf, usw.

Symptome von ADHS bei Schulkindern

1. Abgelenkte Kinder

Im Allgemeinen müssen Grundschüler viele Dinge bewältigen, z. B. neue Aufgaben, neue Schulen, neue Freunde usw. Menschen mit ADHS haben in der Regel größere Schwierigkeiten, all die "Veränderungen" in ihrem Leben zu begreifen.
Im Allgemeinen nehmen die Anzeichen von ADHS mit zunehmendem Alter des Kindes zu.

Unabhängig davon, ob ein Kind ADS oder ADHS (mit Hyperaktivität) hat, wird es höchstwahrscheinlich während der Grundschulzeit deutlich. So wird ein Grundschüler mit ADHS wahrscheinlich nicht in der Lage sein, sich auf die Hausaufgaben zu konzentrieren, kluge und vernünftige Entscheidungen zu treffen, Lernmaterial zu organisieren, Hausaufgaben und Tests in der vorgeschriebenen Zeit zu erledigen, Freunde zu finden und zu halten, bei den Hausaufgaben/im Unterricht gute Leistungen zu erbringen, mit anderen auszukommen, ruhig zu sein, Dinge, die ihm nicht gehören, in Ruhe zu lassen und Anweisungen und Regeln zu befolgen usw.

2. "Tagträumend" und leicht ablenkbar

Schulkinder mit ADHS neigen dazu, ihre Hausaufgaben nicht fristgerecht oder innerhalb einer angemessenen Frist zu erledigen. Und entgegen der landläufigen Meinung sind diese Kinder nicht immer unangenehm, aggressiv, laut und unruhig. Vielmehr sind sie manchmal "Tagträumer", unkonzentriert und leicht ablenkbar. Während die Mehrheit der betroffenen Grundschüler redselig und unruhig ist, gibt es einen kleinen Teil, der ein weniger bekanntes Zeichen von ADHS aufweist, nämlich extrem ruhig und distanziert zu sein.

3. Vergesslich und rücksichtslos

Grundschüler mit ADHS neigen dazu, vergesslich und nachlässig zu sein. Sie vergessen zum Beispiel, Hausaufgaben zu erledigen oder abzugeben. Sie können auch vergessen, alltägliche Tätigkeiten wie Zähneputzen, Baden oder Duschen, Haare kämmen, Zimmer aufräumen, Mittagessen zubereiten, Schulbücher in die Schule bringen usw. zu erledigen.

Es kommt auch häufig vor, dass sie Dinge wie Spielzeug, Bücher, Jacken, Rucksäcke usw. verlieren. Diese Kinder neigen auch zu wiederholten Unaufmerksamkeitsfehlern. Ein Grundschüler mit ADHS kann beispielsweise bei einem Test eine Matheaufgabe falsch lösen, obwohl ihm gezeigt wurde, wie ähnliche Aufgaben zu lösen sind und er sie in der Vergangenheit erfolgreich gelöst hat. Oder dieses Kind verstößt wiederholt gegen dieselbe Regel, obwohl es mehrmals darauf hingewiesen wurde.

4. Unruhig, emotional und leicht erregbar

Grundschüler mit ADHS neigen dazu, unruhig, emotional und leicht erregbar zu sein. Aus diesem Grund ist es für sie schwieriger, Freundschaften zu schließen und aufrechtzuerhalten, was ein wichtiger Bestandteil des Wachstums und der Reifung ist. Ein Kind mit ADHS kann zum Beispiel einen Wutanfall bekommen, weil es warten muss, bis es mit einem Spielzeug spielen oder eine Frage im Unterricht beantworten kann.

Oder es kann stundenlang weinen, nur weil ein Klassenkamerad nicht mit ihm spielen will.

Er kann auch zu unpassenden Zeiten lachen, z. B. während des Gebets, bei Prüfungen und/oder wenn etwas Schlimmes passiert. Außerdem kann er wütend werden, wenn ihn etwas frustriert oder verärgert.

Ein Beispiel: Ein Vater verspricht seinem Sohn Pizza zum Abendessen, das Lieblingsessen seines Sohnes. Das Kind wiederum fragt seinen Vater alle fünf Minuten, ob es schon Zeit zum Essen ist. Wenn der Vater dies verneint, "explodiert" es und fängt an zu treten, zu schreien und auf alles einzuschlagen, was es sieht, nur weil es auf die Pizza warten muss.

5. Rücksichtslos

Sie scheinen die Gefühle anderer zu missachten und die Konsequenzen zu ignorieren oder außer Acht zu lassen. Sie scheinen auch wiederholt Fehler zu machen, selbst wenn sie gewarnt wurden, und verhalten sich impulsiv (sie tun oder sagen Dinge, ohne nachzudenken). Darüber hinaus können sie überstürzt handeln und Unfälle verursachen. Ein Grundschüler mit ADHS hat möglicherweise auch Schwierigkeiten, seine eigenen Bedürfnisse, Wünsche und/oder die Wünsche anderer zu erkennen.

Bei Schulkindern mit ADHS können auch in folgenden Bereichen Probleme auftreten:
- Mit anderen teilen
- Andere sprechen lassen
- Den Überblick behalten und Aufgaben erledigen
- Anweisungen befolgen

Symptome von ADHS bei Jugendlichen
Die Teenagerjahre können für viele schwierig sein, weshalb es äußerst wichtig ist, eine genaue Diagnose von ADHS zu erhalten und eine angemessene Behandlung zu bekommen. Überraschenderweise wird ADHS bei Mädchen am häufigsten unterdiagnostiziert und nicht gemeldet, einfach weil die DSM-V-Kriterien in erster Linie für Jungen entwickelt

wurden. Heranwachsende Mädchen mit ADHS verhalten sich im Allgemeinen ganz anders als heranwachsende Jungen.

Heranwachsende Jungen mit ADHS neigen eher zu rücksichtslosem, unverantwortlichem und rebellischem Verhalten als heranwachsende Mädchen, die eher "Tagträumer", zerstreut, selbstbeherrscht, desorganisiert und schlecht kommunizierend sind. Darüber hinaus sind Jungen mit ADHS in der Regel hyperaktiver, während Mädchen mit ADHS eher ein geringeres Selbstwertgefühl haben.

Die Anzeichen für ADHS bei Jugendlichen sind im Folgenden aufgeführt:

1. Schlechte Organisation

Heranwachsende (Jungen und Mädchen) mit ADHS können desorganisiert sein. Mädchen im Teenageralter mit dieser Störung können jedoch besonders "schlampig", unkonzentriert und "unordentlich" sein. Ein Mädchen im Teenageralter mit dieser Störung kann zum Beispiel ein unordentliches Schlafzimmer, einen unordentlichen Schreibtisch, ein unordentliches Badezimmer, einen unordentlichen Kleiderschrank oder eine unordentliche Büchertasche haben. Es kann auch Schwierigkeiten haben, Anweisungen im Unterricht zu befolgen und/oder sich zu Hause an Routinen zu halten.

2. Schlechte Kommunikation und soziale Inkompetenz

Im Gegensatz zu Jungen mit ADHS, die eher körperlich unvorsichtig sind, neigen Mädchen mit dieser Störung zu schlechten verbalen Fähigkeiten. Mit anderen Worten, sie sind in der Regel schlechte Kommunikatoren mit unzureichenden sozialen Fähigkeiten. Sie neigen auch zu einem geringen Selbstwertgefühl, was sich auf ihre Fähigkeit auswirkt, Freunde zu finden und zu halten. Ein heranwachsendes Mädchen mit ADHS kann zum Beispiel übermäßig viel reden und ist nicht in der Lage, anhand sozialer Signale zu erkennen, wann es aufhören sollte zu reden. Sie kann auch andere immer wieder unterbrechen, so dass sie lästig wird.

Aufgrund mangelnder kommunikativer und sozialer Fähigkeiten werden diese Mädchen von Gleichaltrigen möglicherweise als "herrisch", "unhöflich", "nervig" und "aggressiv" angesehen.

3. "Tagträumer"

Heranwachsende Mädchen mit ADHS sind häufig mit sich selbst beschäftigt oder "verträumt". Zum Beispiel kann ein Mädchen leicht durch einen süßen Jungen oder ein Drama mit Gleichaltrigen abgelenkt werden. Sie kann auch die Angewohnheit entwickeln, während des Unterrichts ziellos aus dem Fenster zu schauen, ihre Nägel zu kauen, ihr Haar zu kräuseln oder ihre Nagelhaut zu kneifen.

4. Leicht ablenkbar und "hyperaktiv"

Sich in der Schule zu konzentrieren, kann für männliche Jugendliche mit ADHS besonders schwierig sein. So kann es sein, dass er seine Hausaufgaben beiseite legt, um etwas zu tun, was ihm Spaß macht, wie mit Freunden zu telefonieren, auszugehen, Musik zu hören, im Internet zu surfen, durch Facebook oder Instagram zu scrollen oder Videospiele zu spielen.

Außerdem kann er/sie gedankenlos Fehler machen, Aufgaben, Hausarbeiten und Aufträge nicht erledigen, regelmäßig Dinge "verlieren" oder "vergessen" und/oder sein/ihr Schlafzimmer, seinen/ihren Schrank, seine/ihre Schultasche, seinen/ihren Schreibtisch oder sein/ihr Badezimmer unordentlich halten. Möglicherweise verlegt er/sie auch Dinge wie sein/ihr Mobiltelefon, seine/ihre Brieftasche, seine/ihre Schlüssel, Hausaufgaben und/oder persönliche Gegenstände.

5. Nervös, ungeduldig und aggressiv

Sowohl Jungen als auch Mädchen mit ADHS können nervös, ungeduldig und aggressiv sein, allerdings neigen Jungen eher zu diesen Verhaltensweisen als Mädchen. Sie haben oft Schwierigkeiten, im Unterricht zu sitzen und sich zu konzentrieren. Infolgedessen brechen einige von ihnen den "langweiligen" Unterricht ab oder schwänzen die Schule ganz. Diese Jugendlichen können auch unterdrückte Wut und Groll sowie ein hohes Energieniveau aufweisen.

So kann ein Teenager seine Wut und Frustration an Lehrern, Freunden, Autoritätspersonen und/oder Eltern auslassen, indem er absichtlich gegen Regeln verstößt, Widerworte gibt, sich mit Drogen und Alkohol einlässt, mit Gleichaltrigen streitet und riskantes Verhalten an den Tag legt. Diese

Jugendlichen können auch launisch und feindselig gegenüber anderen erscheinen.

6. Unverantwortlich, rücksichtslos und "außer Kontrolle"

Jugendliche, sowohl mit als auch ohne ADHS, können gelegentlich unverantwortlich, rücksichtslos und "außer Kontrolle" sein. Jugendliche mit ADHS neigen jedoch häufiger zu diesen Verhaltensweisen als Jugendliche ohne ADHS. Außerdem sind diese Eigenschaften bei Jungen häufiger anzutreffen als bei Mädchen. Jungen haben in der Regel Schwierigkeiten, ihre Impulse zu kontrollieren, im Gegensatz zu Mädchen, die ihre Emotionen nur schwer kontrollieren können. Da es diesen Jugendlichen schwerfällt, ihre Impulse zu kontrollieren, neigen sie dazu, Dinge zu tun und zu sagen, ohne darüber nachzudenken, wie sie auf andere wirken.

Ein Jugendlicher mit ADHS probiert vielleicht Alkohol und Drogen aus, nur weil seine Freunde das auch tun, ohne an die möglichen Folgen zu denken. Oder er lässt sich auf riskantes Sexualverhalten ein - z. B. ungeschützter Sex, mehrere Partner usw. -, ohne zu bedenken, dass er sich damit dem Risiko von Geschlechtskrankheiten aussetzt und/oder zu früh Vater wird. Dieser Jugendliche beantwortet vielleicht auch keine Fragen im Unterricht und/oder unterbricht regelmäßig seine Freunde, Mitschüler oder Lehrer. Und aufgrund seines Verhaltens verliert er möglicherweise Freunde oder hat Schwierigkeiten, neue zu finden und zu halten.

Symptome von ADHS bei Erwachsenen

Das Leben kann für jeden Erwachsenen eine Herausforderung sein. Für einen Erwachsenen mit ADHS kann das Leben jedoch noch anstrengender sein. Erwachsene mit ADHS neigen dazu, ständig zu spät zu kommen. Sie neigen auch dazu, sehr unorganisiert und ungeordnet zu sein. Sie können auch Dinge "vergessen" und fühlen sich von Aufgaben und Verantwortlichkeiten im Beruf und/oder Haushalt überfordert. ADHS kann das Selbstwertgefühl, das Selbstvertrauen und das Selbstbild eines Erwachsenen beeinträchtigen, ebenso wie seine Beziehungen und seine Arbeitsleistung.

Nach Angaben des National Institute of Mental Health (2018) leiden etwa 4 % der Erwachsenen in den Vereinigten Staaten im Alter von 18 bis 44 Jahren unter den Auswirkungen von ADHS. Es ist wichtig zu wissen, dass manche Erwachsene ADHS in der Kindheit entwickeln, die Symptome aber nicht erkennen. Infolgedessen leiden sie jahrelang unter den Auswirkungen der Erkrankung, bevor sie eine angemessene Diagnose und Behandlung erhalten.

Die Anzeichen für ADHS bei Erwachsenen sind im Folgenden aufgeführt:

1. Chaotisch und Schwierigkeiten, sich zu konzentrieren

Das Leben eines Erwachsenen mit ADHS kann "chaotisch" sein. Mit anderen Worten, diese Person kann unorganisiert und ungeordnet sein. Da dieser Erwachsene Schwierigkeiten hat, sich zu konzentrieren und sich leicht ablenken lässt, kann er oder sie Probleme bei der Arbeit und in Beziehungen bekommen.

2. Unverhältnismäßig emotional

Erwachsene mit ADHS können übermäßig emotional erscheinen. Da sich ADHS auf verschiedene Lebensbereiche auswirken kann, können die Emotionen einer Person außer Kontrolle geraten, was dazu führt, dass sie Langeweile und Desinteresse durch die Suche nach der nächsten "aufregenden" Beschäftigung kompensiert. Darüber hinaus können geringfügige Frustrationen, Ärger und Irritationen einen Erwachsenen mit ADHS in einen völligen Stimmungsumschwung, Angst oder Depression katapultieren.

3. Impulsiv

Erwachsene mit ADHS haben Probleme mit der Impulskontrolle und Schwierigkeiten, ihre Gefühle und ihr Verhalten zu regulieren. Ein Erwachsener mit dieser Erkrankung kann zum Beispiel Probleme mit der Selbstkontrolle haben. Er oder sie kann überstürzt handeln und anderen gegenüber unsensibel und rücksichtslos sein. Impulsivität kann zu einer Reihe von persönlichen, beruflichen und sozialen Problemen führen.

4. Unmotiviert

Erwachsene mit ADHS neigen dazu, unmotiviert zu sein. Sie haben möglicherweise kein Interesse daran, Verantwortung zu übernehmen oder Aufgaben zu erledigen, so dass sie diese einfach nicht erledigen. Mangelnde Konzentration, kombiniert mit schlechten organisatorischen Fähigkeiten und Aufschieberitis, kann zu Arbeitsverlusten, geringem Selbstwertgefühl und/oder Beziehungsproblemen führen. Dieser Mangel an Motivation ist höchstwahrscheinlich auf eine verminderte Aufmerksamkeit und Konzentration zurückzuführen. Da Erwachsene mit dieser Störung nicht in der Lage sind, sich zu konzentrieren und über längere Zeiträume konzentriert zu bleiben, werden sie demotiviert.

5. Unfallgefährdet und hyperaktiv

Sie können sowohl unfallgefährdet als auch überempfindlich sein. Ihre Bewegungen können, wie ihr Leben, unorganisiert, chaotisch, ungeschickt und unzusammenhängend sein. Hyperaktivität kann sich als "hyper", nervös oder unruhig äußern. Daher kann ein Erwachsener mit dieser Störung Schwierigkeiten haben, sich zu entspannen, zu meditieren, zu schlafen, zu lesen oder einer anderen ruhigen Tätigkeit nachzugehen.

6. Unruhig und ängstlich

Erwachsene mit ADHS fühlen sich häufig extrem ruhelos und ängstlich. Sie haben ein inneres Bedürfnis, ständig in Bewegung zu bleiben, und werden wütend, gereizt, unruhig oder frustriert, wenn sie nicht alles zu Ende bringen können, was sie angefangen haben.

Symptome von ADHS bei älteren Menschen

Die Wahrheit ist, dass es schwierig ist, ADHS bei älteren Menschen zu beurteilen, einfach deshalb, weil dieser Zustand oft den natürlichen Alterungsprozess und andere altersbedingte Erkrankungen wie Demenz, leichte kognitive Beeinträchtigung und Alzheimer-Krankheit nachahmt und sich mit ihnen überschneidet. Forscher vermuten sogar, dass ältere Menschen mit ADHS häufiger Verkehrsunfälle erleiden. Sie neigen auch dazu, "vergesslicher" zu sein als Menschen ohne diese Erkrankung.

So kann ein älterer Erwachsener beispielsweise "vergessen", wo er die Schlüssel hingelegt hat, oder er vergisst wichtige Arzttermine. Manche vergessen sogar, wie sie nach Hause kommen, was eine Demenz oder Alzheimer-Krankheit simuliert. Darüber hinaus können sie Organisations- und Planungsprobleme haben und Schwierigkeiten, auf Details zu achten oder Rechnungen zu bezahlen. Schließlich kann es ihnen unmöglich sein, sich auf das tägliche Leben, Bücher oder sogar Fernsehsendungen zu konzentrieren. Darüber hinaus ist es nicht ungewöhnlich, dass ältere Menschen eine Verschlechterung ihrer Sprachkenntnisse und ihrer Informationsverarbeitung erfahren.

Kapitel 4 - Ursachen und Risikofaktoren

Die Wissenschaftler haben die spezifischen Ursachen von ADHS noch nicht ermittelt. Obwohl es immer mehr Beweise dafür gibt, dass die Genetik zu ADHS beiträgt, und mehrere Gene mit der Störung in Verbindung gebracht wurden, wurde kein spezifisches Gen oder eine Kombination von Genen als Ursache der Störung identifiziert. Es ist jedoch wichtig zu wissen, dass Verwandte von Personen mit ADHS häufig ebenfalls betroffen sind.
Es gibt Hinweise auf anatomische Unterschiede im Gehirn von Kindern mit ADHS im Vergleich zu anderen Kindern ohne diese Erkrankung. So haben Kinder mit ADHS ein geringeres Volumen an grauer und weißer Substanz im Gehirn und zeigen bei bestimmten Aufgaben unterschiedliche Aktivierungen von Gehirnregionen (Pliszka, 2007). Mehrere nicht-genetische Faktoren wurden ebenfalls mit der Störung in Verbindung gebracht, wie z. B. ein niedriges Geburtsgewicht, eine Frühgeburt, die Exposition gegenüber Giftstoffen (Alkohol, Rauchen, Blei usw.) während der Schwangerschaft und extremer Stress während der Schwangerschaft.

Mögliche Ursachen
ADHS ist das Ergebnis einer Unterentwicklung des Gehirns, insbesondere in den exekutiven Netzwerken des Frontallappens, die sowohl auf genetische Faktoren (verschiedene genetische Varianten und Mutationen im Aufbau und in der Regulierung dieser Netzwerke) als auch auf erworbene Unterbrechungen in der Entwicklung dieser Netzwerke und Regionen, die an der exekutiven Funktion und der Selbstregulierung beteiligt sind, zurückzuführen sein kann. Ihre reduzierte Größe, funktionelle Konnektivität und Aktivierung tragen zur Pathophysiologie von ADHS bei, ebenso wie Ungleichgewichte in den noradrenergen und dopaminergen Systemen, die diese Hirnregionen steuern.

Genetische Faktoren spielen eine wichtige Rolle. ADHS hat eine Erblichkeitsrate von 70-80 %. Die verbleibende Varianz von 20-30 % wird durch Mutationen und nicht geteilte Umweltfaktoren vermittelt, die

Hirnläsionen verursachen oder hervorrufen. Die familiäre Erziehung und das soziale Umfeld tragen nicht wesentlich dazu bei.

ADHS hat eine sehr hohe Erblichkeit von 74 %, was bedeutet, dass 74 % der ADHS in der Bevölkerung auf genetische Faktoren zurückzuführen sind. Es gibt mehrere genetische Varianten, die die Wahrscheinlichkeit einer Person, an ADHS zu erkranken, leicht erhöhen. ADHS ist polygen und entsteht durch die Kombination vieler genetischer Varianten, von denen jede eine kleine Wirkung hat.
Der in großen Bevölkerungsstudien beobachtete Zusammenhang zwischen mütterlichem Rauchen und ADHS verschwindet, wenn man die Familienanamnese von ADHS berücksichtigt, was darauf hindeutet, dass der Zusammenhang zwischen mütterlichem Rauchen während der Schwangerschaft und ADHS auf familiäre oder genetische Faktoren zurückzuführen ist, die das Risiko für gleichzeitiges Rauchen und ADHS erhöhen.
Die Erregung hängt mit der dopaminergen Funktion zusammen, und bei ADHS ist die dopaminerge Funktion gestört. In der Regel sind mehrere Gene beteiligt, von denen viele die dopaminerge Neurotransmission direkt beeinflussen. Zu den Genen, die mit Dopamin zu tun haben, gehören DAT, DRD4, DRD5, TAAR1, MAOA, COMT und DBH. Weitere Gene, die mit ADHS in Verbindung gebracht werden, sind SERT, HTR1B, SNAP25, GRIN2A, ADRA2A, TPH2 und BDNF. Eine häufige Variante eines Gens namens Latrophilin 3 ist schätzungsweise für etwa 9 % der Fälle verantwortlich. Wenn diese Variante vorhanden ist, reagieren die Betroffenen besonders empfindlich auf stimulierende Medikamente. Die 7-Wiederholungen-Variante des Dopamin-D4-Rezeptors (DRD4-7R) verursacht eine erhöhte dopamininduzierte Hemmwirkung und wird mit ADHS in Verbindung gebracht. Das DRD4-Gen wird sowohl mit Neuheitssucht als auch mit ADHS in Verbindung gebracht. Die Gene GFOD1 und CDH13 zeigen starke genetische Assoziationen mit ADHS. Die Assoziation von CHD13 mit ASD, Schizophrenie, bipolarer Störung und Depression macht es zu einem interessanten Kandidaten für ein ursächliches Gen. Ein weiteres identifiziertes kausales Gen ist ADGRL3. Bei Zebrafischen führt die Deaktivierung dieses Gens zu einem Verlust der dopaminergen Funktion im ventralen Zwischenhirn, und die Fische zeigen einen hyperaktiven/impulsiven Phänotyp.

Damit genetische Variationen als diagnostisches Instrument eingesetzt werden können, sind weitere Validierungsstudien erforderlich. Kleinere Studien haben jedoch gezeigt, dass genetische Polymorphismen in Genen, die mit der katecholaminergen Neurotransmission oder dem SNARE-Komplex der Synapse zusammenhängen, die Reaktion einer Person auf Stimulanzien zuverlässig vorhersagen können. Seltene genetische Varianten sind von größerer klinischer Bedeutung, da ihre Penetranz (die Wahrscheinlichkeit, die Störung zu entwickeln) tendenziell viel höher ist. Ihre Nützlichkeit als Diagnoseinstrumente ist jedoch begrenzt, da kein einziges Gen ADHS vorhersagt. ASD zeigt genetische Überschneidungen mit ADHS sowohl bei häufigen als auch bei seltenen genetischen Varianten.

Hat die Umwelt einen Einfluss?
Neben genetischen Faktoren können auch einige Umweltfaktoren beim Auftreten von ADHS eine Rolle spielen. Alkoholkonsum während der Schwangerschaft kann zu fetalen Alkoholspektrumstörungen führen, die ADHS oder ADHS-ähnliche Symptome beinhalten können. Kinder, die bestimmten toxischen Substanzen wie Blei oder polychlorierten Biphenylen ausgesetzt sind, können Probleme entwickeln, die ADHS ähneln. Die Exposition gegenüber den Organophosphat-Insektiziden Chlorpyrifos und Dialkylphosphat wird mit einem erhöhten Risiko in Verbindung gebracht. Die Beweise sind jedoch nicht schlüssig. Die Exposition gegenüber Tabakrauch während der Schwangerschaft kann zu Problemen bei der Entwicklung des zentralen Nervensystems führen und das Risiko für ADHS erhöhen. Die Exposition gegenüber Nikotin während der Schwangerschaft kann ein Umweltrisiko darstellen.

Eine extreme Frühgeburt, ein sehr niedriges Geburtsgewicht und extreme Vernachlässigung, Missbrauch oder soziale Benachteiligung erhöhen das Risiko ebenso wie bestimmte Infektionen während der Schwangerschaft, bei der Geburt und in den ersten Lebensjahren. Zu diesen Infektionen gehören u. a. verschiedene Viren (Masern, Varizella-Zoster-Enzephalitis, Röteln, Enterovirus 71). Mindestens 30 % der Kinder mit einem Schädel-Hirn-Trauma entwickeln später eine ADHS, und etwa 5 % der Fälle sind auf eine Hirnverletzung zurückzuführen.

Einige Studien deuten darauf hin, dass künstliche Lebensmittelfarben oder Konservierungsstoffe bei einer kleinen Zahl von Kindern mit einer erhöhten Prävalenz von ADHS oder ADHS-ähnlichen Symptomen in Verbindung gebracht werden können. Die Beweise sind jedoch schwach und gelten möglicherweise nur für Kinder mit Nahrungsmittelüberempfindlichkeiten. Die Europäische Union hat aufgrund dieser Bedenken Regulierungsmaßnahmen ergriffen. Bei einer Minderheit von Kindern können Unverträglichkeiten oder Allergien gegen bestimmte Lebensmittel die ADHS-Symptome verschlimmern.

Bei Personen mit sensorischer Überstimulation wird manchmal ADHS diagnostiziert, was die Möglichkeit aufwirft, dass eine Unterform von ADHS eine Ursache hat, die mechanisch verstanden und auf eine neue Art behandelt werden kann. Sensorische Überstimulation kann mit oralem Kaliumglukonat behandelt werden.

Die Forschung stützt nicht die weit verbreitete Meinung, dass ADHS durch übermäßigen Konsum von raffiniertem Zucker, zu viel Fernsehen, schlechte Erziehung, Armut oder familiäres Chaos verursacht wird. Allerdings kann dies bei manchen Menschen die ADHS-Symptome verschlimmern.

In einigen Fällen kann eine unangemessene ADHS-Diagnose eher auf eine dysfunktionale Familie oder ein schlechtes Bildungssystem als auf das tatsächliche Vorhandensein von ADHS bei der betreffenden Person zurückzuführen sein. In anderen Fällen kann sie durch erhöhte akademische Erwartungen erklärt werden, wobei die Diagnose in einigen Ländern eine Methode für Eltern darstellt, um zusätzliche finanzielle und schulische Unterstützung für ihr Kind zu erhalten. Typisches ADHS-Verhalten tritt am häufigsten bei Kindern auf, die Gewalt und emotionalen Missbrauch erlebt haben.

Kapitel 5 - Diagnose und Behandlung

Die Aufmerksamkeitsdefizit-/Hyperaktivitätsstörung (ADHS) ist eine neurobiologische Erkrankung, deren Symptome auch vom Umfeld des Kindes abhängen.
ADHS ist heute eine der häufigsten und am besten untersuchten Erkrankungen im Kindesalter.

Die bisherige Forschung hat gezeigt, dass ADHS durch mehrere Faktoren verursacht werden kann:
- **Anatomie und Funktion des Gehirns:** Ein geringeres Aktivitätsniveau in den Teilen des Gehirns, die die Aufmerksamkeit und das Aktivitätsniveau steuern, kann mit ADHS in Verbindung gebracht werden.
- **Gene und Vererbung:** Die Wahrscheinlichkeit, dass ein Kind mit ADHS einen Elternteil mit ADHS hat, liegt bei 1 zu 4. Es ist auch wahrscheinlich, dass ein anderes nahes Familienmitglied, z. B. ein Geschwisterkind, ebenfalls an ADHS leidet. Manchmal wird ADHS bei einem Elternteil zur gleichen Zeit diagnostiziert wie bei dem Kind.
- **Schwere Kopfverletzungen**
- **Frühgeburtlichkeit**
- **Pränatale Exposition gegenüber schädlichen Substanzen** wie Alkohol oder Nikotin durch Rauchen

Es gibt keine Beweise dafür, dass ADHS dadurch verursacht wird:
- Zu hoher Zuckerkonsum
- Lebensmittelzusatzstoffe
- Allergien
- Impfungen

Warum haben so viele Kinder ADHS?
Die Zahl der Kinder, die wegen ADHS behandelt werden, ist gestiegen. Es ist unklar, ob mehr Kinder diese Situation aufweisen oder ob bei mehr Kindern die Diagnose ADHS gestellt wird.

Nach US-Daten sind etwa 9,4 % der US-Kinder im Alter von 2 bis 17 Jahren von ADHS betroffen, darunter 2,4 % der Kinder im Alter von 2 bis 5 Jahren und 4 bis 12 % der Kinder im Schulalter. Die Wahrscheinlichkeit, dass bei Jungen ADHS diagnostiziert wird, ist mehr als doppelt so hoch wie bei Mädchen. Sowohl Jungen als auch Mädchen mit dieser Störung zeigen in der Regel Symptome einer zusätzlichen psychischen Störung und können auch Lern- und Sprachprobleme haben.

Aufgrund des gestiegenen Bewusstseins und der besseren Möglichkeiten zur Diagnose und Behandlung dieser Störung erhalten immer mehr Kinder Hilfe. Es kann auch sein, dass die schulischen Leistungen aufgrund der hohen technischen Anforderungen in vielen Berufen wichtiger geworden sind und ADHS häufig die schulischen Leistungen beeinträchtigt.

Diagnose
ADHS wird durch eine Bewertung des Verhaltens und der geistigen Entwicklung einer Person diagnostiziert, wobei auch die Auswirkungen von Medikamenten, Drogen und anderen medizinischen oder psychischen Problemen als Erklärung für die Symptome ausgeschlossen werden müssen. Bei der Diagnose von ADHS wird häufig das Feedback von Eltern und Lehrern berücksichtigt. Die meisten Diagnosen werden gestellt, nachdem ein Lehrer Bedenken geäußert hat. ADHS kann als das extreme Ende einer oder mehrerer kontinuierlicher menschlicher Eigenschaften gesehen werden, die bei allen Menschen vorhanden sind. Bildgebende Untersuchungen des Gehirns liefern keine übereinstimmenden Ergebnisse bei verschiedenen Personen, daher werden sie nur zu Forschungszwecken und nicht für eine Diagnose verwendet.

In Nordamerika und Australien werden die DSM-5-Kriterien für die Diagnose verwendet, während die europäischen Länder in der Regel die ICD-10-Kriterien anwenden. Nach den DSM-IV-Kriterien für die Diagnose von ADHS ist die Wahrscheinlichkeit, dass ADHS diagnostiziert wird, 3 bis 4 Mal höher als nach den ICD-10-Kriterien. ADHS wird alternativ als neurologische Entwicklungsstörung oder störende Verhaltensstörung zusammen mit Zwangsstörung, Persönlichkeitsstörung und antisozialer Persönlichkeitsstörung klassifiziert.
Eine Diagnose bedeutet nicht, dass eine neurologische Störung vorliegt.

Zu den Begleiterkrankungen, die untersucht werden sollten, gehören Angstzustände, Depressionen, ODD, CD sowie Lern- und Sprachstörungen. Andere Erkrankungen, die in Betracht gezogen werden sollten, sind andere neurologische Entwicklungsstörungen, Tics und Schlafapnoe.

Selbsteinschätzungsskalen wie die ADHS-Ratingskala und die Vanderbilt's ADHD Diagnostic Rating Scale werden beim Screening und bei der Beurteilung von ADHS verwendet. Die Elektroenzephalographie ist nicht genau genug, um eine ADHS-Diagnose zu stellen.

Klassifizierung im Diagnostischen und Statistischen Handbuch
Wie bei vielen anderen psychischen Störungen sollte eine formelle Diagnose von einer qualifizierten Fachkraft auf der Grundlage einer bestimmten Anzahl von Kriterien gestellt werden. In den Vereinigten Staaten werden diese Kriterien von der American Psychiatric Association im DSM definiert. Auf der Grundlage der 2013 veröffentlichten DSM-5-Kriterien und der 2022 veröffentlichten DSM-5-TR-Kriterien gibt es drei Erscheinungsformen von ADHS:

ADHS, eine vorwiegende Störung der Aufmerksamkeit, zeigt Symptome wie leichte Ablenkbarkeit, Vergesslichkeit, Tagträumerei, Desorganisation, schlechte Daueraufmerksamkeit und Schwierigkeiten bei der Erledigung von Aufgaben.
ADHS zeigt sich vor allem als hyperaktiv-impulsive Störung mit übermäßiger Unruhe, Hyperaktivität und Schwierigkeiten beim Warten und Sitzen.
ADHS als kombinierte Form ist eine Kombination der ersten beiden Typen. Diese Unterteilung basiert auf dem Vorhandensein von mindestens sechs (bei Kindern) bzw. fünf (bei älteren Jugendlichen und Erwachsenen) von neun Langzeitsymptomen (die mindestens sechs Monate andauern) von Unaufmerksamkeit, Hyperaktivität-Impulsivität oder beidem. Um berücksichtigt zu werden, müssen mehrere Symptome zwischen dem sechsten und zwölften Lebensjahr aufgetreten sein und sich in mehr als einem Umfeld manifestieren (z. B. zu Hause, in der Schule oder am

Arbeitsplatz). Die Symptome müssen für ein Kind in diesem Alter unangemessen sein, und es muss eindeutige Hinweise darauf geben, dass sie soziale, schulische oder berufliche Probleme verursachen.

Das DSM-5 und das DSM-5-TR bieten auch zwei Diagnosen für Personen, die Symptome von ADHS aufweisen, aber die Anforderungen nicht vollständig erfüllen. Die Diagnose "Sonstige spezifizierte ADHS" erlaubt es dem Arzt zu beschreiben, warum die Person die Kriterien nicht erfüllt, während die Diagnose "Unspezifizierte ADHS" verwendet wird, wenn der Arzt den Grund nicht beschreiben möchte.

Soziale Konstrukttheorie
Die Theorie der sozialen Konstrukte von ADHS besagt, dass die Grenzen zwischen normalem und abnormalem Verhalten soziale Konstrukte sind (d. h. von allen Mitgliedern der Gesellschaft, insbesondere von Ärzten, Eltern, Lehrern und anderen, gemeinsam geschaffen und validiert werden), woraus folgt, dass subjektive Einschätzungen und Urteile darüber entscheiden, welche diagnostischen Kriterien verwendet werden und somit die Zahl der Betroffenen.

Wenn bei einem Kind eine Aufmerksamkeitsdefizit-/Hyperaktivitätsstörung (ADHS) diagnostiziert wird, sind die Eltern oft besorgt, welche Behandlung die richtige ist. ADHS lässt sich mit der richtigen Behandlung in den Griff bekommen. Es gibt viele Möglichkeiten, und was am besten wirkt, kann vom Kind und der Familie abhängen. Um die besten Möglichkeiten zu finden, sollten Eltern eng mit anderen Erwachsenen zusammenarbeiten, die in das Leben ihres Kindes involviert sind: Gesundheitsdienstleister, Therapeuten, Lehrer, Trainer und andere Familienmitglieder.

Zu den Behandlungsformen für ADHS gehören:
Verhaltenstherapie, einschließlich Schulungen für Eltern und Medikamente.

Behandlungsempfehlungen für ADHS
Für Kinder mit ADHS unter 6 Jahren empfiehlt die American Academy of Pediatrics (AAP) als erste Behandlungsmaßnahme ein elterliches Verhaltenstraining, bevor Medikamente eingesetzt werden. Für Kinder ab 6 Jahren wird eine Kombination aus Medikamenten und Verhaltenstherapie empfohlen. Für Kinder bis zum Alter von 12 Jahren wird ein elterliches Verhaltenstraining empfohlen, für Jugendliche andere Arten von Verhaltenstherapie und -training. Auch Schulen können Teil der Behandlung sein. Die AAP-Empfehlungen umfassen auch zusätzliche Verhaltensinterventionen im Klassenzimmer und schulische Unterstützung.

*<u>Sie sollten immer </u>Ihren Arzt **konsultieren** und Ihrem Kind niemals Medikamente geben, es sei denn, Ihr Arzt rät Ihnen ausdrücklich dazu.*

Verhaltenstherapie, einschließlich Schulungen für Eltern
ADHS beeinträchtigt nicht nur die Fähigkeit eines Kindes, aufmerksam zu sein oder in der Schule still zu sitzen, sondern wirkt sich auch auf die Beziehungen zur Familie und zu anderen Kindern aus. Kinder mit ADHS zeigen oft Verhaltensweisen, die für andere sehr störend sein können. Eine Verhaltenstherapie ist eine Behandlungsmöglichkeit, die dazu beitragen kann, diese Verhaltensweisen zu reduzieren. Oft ist es hilfreich, mit der Verhaltenstherapie zu beginnen, sobald die Diagnose gestellt ist.

Ziel der Verhaltenstherapie ist es, positives Verhalten zu erlernen oder zu verstärken und unerwünschtes oder problematisches Verhalten zu beseitigen.

Die Verhaltenstherapie bei ADHS kann Folgendes umfassen:
- Schulungen für Eltern im Bereich Verhaltensmanagement
- Verhaltenstherapie mit Kindern
- Verhaltensinterventionen im Klassenzimmer

Diese Ansätze können auch gemeinsam angewendet werden. Bei Kindern, die Betreuungsprogramme besuchen, ist es in der Regel effektiver, wenn Eltern und Erzieher zusammenarbeiten, um dem Kind zu helfen.

Kinder unter 6 Jahren
Für junge Kinder mit ADHS ist eine Verhaltenstherapie ein wichtiger Schritt, bevor sie Medikamente einnehmen, denn:
- Die Schulung der Eltern in Verhaltensmanagement vermittelt die Fähigkeiten und Strategien, um ihrem Kind zu helfen.
- Es hat sich gezeigt, dass ein elterliches Verhaltenstraining bei Kleinkindern genauso gut wirkt wie eine medikamentöse Behandlung von ADHS.
- Kleine Kinder haben mehr Nebenwirkungen von ADHS-Medikamenten als ältere Kinder.
- Die langfristigen Auswirkungen von ADHS-Medikamenten auf Kleinkinder sind noch nicht ausreichend untersucht worden.

Kinder und Jugendliche im Schulalter
Für Kinder über 6 Jahre empfiehlt die AAP, die medikamentöse Behandlung mit einer Verhaltenstherapie zu kombinieren. Verschiedene Arten von Verhaltenstherapien sind wirksam, darunter:
- Schulungen für Eltern im Bereich Verhaltensmanagement
- Verhaltensinterventionen im Klassenzimmer
- Peer-Interventionen mit Schwerpunkt auf dem Verhalten
- Schulung der organisatorischen Fähigkeiten

Je nach den Bedürfnissen des einzelnen Kindes und der Familie sind diese Ansätze oft am wirksamsten, wenn sie zusammen angewendet werden.

***Sie sollten immer** Ihren Arzt **konsultieren** und Ihrem Kind niemals Medikamente geben, es sei denn, Ihr Arzt rät Ihnen ausdrücklich dazu.*

Medikamente

Dieser Absatz soll nur dazu dienen, Wissen zu diesem Thema zu verbreiten. Die Selbstbehandlung ist auf keinen Fall zu empfehlen. Konsultieren Sie immer Ihren Arzt und verabreichen Sie niemals Drogen/Medikamente.

Medikamente können Kindern helfen, ihre ADHS-Symptome im Alltag zu bewältigen und Verhaltensweisen zu kontrollieren, die Schwierigkeiten in der Familie, mit Freunden und in der Schule verursachen.

Mehrere Arten von Medikamenten sind von der FDA zur Behandlung von ADHS bei Kindern ab 6 Jahren zugelassen:
- Stimulanzien sind die bekanntesten und am häufigsten verwendeten Medikamente gegen ADHS. Zwischen 70 und 80 Prozent der Kinder mit ADHS haben weniger ADHS-Symptome, wenn sie diese schnell wirkenden Medikamente einnehmen.
- Nicht-stimulierende Medikamente wurden 2003 für die Behandlung von ADHS zugelassen. Sie wirken nicht so schnell wie Stimulanzien, aber ihre Wirkung kann bis zu 24 Stunden anhalten.
- Medikamente können bei Kindern unterschiedlich wirken und Nebenwirkungen wie Appetitlosigkeit oder Schlafprobleme haben. Ein Kind kann gut auf ein Medikament ansprechen, auf ein anderes aber nicht.

Gesundheitsfachkräfte, die Medikamente verschreiben, müssen möglicherweise verschiedene Medikamente und Dosierungen ausprobieren. Die AAP empfiehlt, dass medizinisches Fachpersonal die Dosis des Medikaments beobachtet und anpasst, um das richtige Gleichgewicht zwischen Nutzen und Nebenwirkungen zu finden. Es ist wichtig, dass die Eltern mit dem medizinischen Fachpersonal ihres Kindes zusammenarbeiten, um das für ihr Kind am besten geeignete Medikament zu finden.

Kapitel 6 - Die Auswirkungen von ADHS im täglichen Leben

Die Hauptsymptome von ADHS sind Unaufmerksamkeit, Hyperaktivität und Impulsivität. Diese drei Symptome sind jedoch nur ein Teil des Ganzen. Es gibt keinen Bereich im Leben eines Kindes, der nicht von ADHS betroffen ist. In der Vergangenheit galt ADHS als eine Störung des Schulalltags, die sich hauptsächlich auf die schulischen Leistungen der Kinder auswirkte. Je mehr wir über diese Störung erfahren, desto mehr erkennen wir, dass sie jeden Aspekt des Lebens eines Kindes verändert. Merkmale wie Vergesslichkeit und Desorganisation verursachen sowohl zu Hause als auch in der Schule Probleme. Sekundärsymptome wie geringes Selbstwertgefühl, Aggression und emotionale Unreife spielen eine wichtige Rolle dabei, wie sich ein Kind und seine Familie darauf einstellen, dass ADHS Teil des täglichen Lebens ist.

ADHS in der Schule
Obwohl Kinder mit ADHS oft Schwierigkeiten in der Schule haben, hat dies nichts mit ihrer Intelligenz zu tun. Es hat sich gezeigt, dass die IQ-Spanne bei Schülern mit ADHS die gleiche ist wie bei Schülern ohne ADHS.
ADHS ist keine Lernstörung, kann aber Lernschwierigkeiten verursachen. Außerdem treten bei Kindern mit ADHS häufiger Lernstörungen auf und können Probleme mit Mathematik und Lesen haben.
Desorganisation, Vergesslichkeit und der Verlust von Gegenständen sind ein großes Problem für Studierende mit ADHS, denen es auch schwer fällt, den Überblick über alle wichtigen Informationen zu behalten, die sie für ihr Studium benötigen.

Hyperaktivität führt zu Problemen beim Sitzenbleiben während des Unterrichts oder in verschiedenen Situationen.

ADHS im Familienleben
Die Erziehung von Kindern mit ADHS kann eine Herausforderung sein. Kinder mit ADHS müssen stärker überwacht und betreut werden. Ihre

Probleme in der Schule können dazu führen, dass die Eltern ihnen abends bei den Hausaufgaben helfen müssen.

Wenn die Eltern nicht in der Lage sind, zusammenzuarbeiten, um eine einheitliche Erziehung zu gewährleisten, kann es zu Streitigkeiten und Meinungsverschiedenheiten kommen. Oft hat ein Elternteil das Gefühl, dass der andere zu streng ist, während der eine meint, dass der andere zu nachsichtig ist.

Außerdem können sich die Geschwister vernachlässigt fühlen oder nachtragend sein. Die Eltern können sich schuldig fühlen, weil sie dem Kind mit ADHS so viel Aufmerksamkeit schenken und Kindern ohne ADHS so wenig.

Die Tage können aufgrund der ständigen Überwachung und der möglicherweise stundenlangen Hausaufgaben am Abend anstrengend sein. Eltern, die früher bestimmte Vorstellungen vom Familienleben hatten, müssen ihre Prioritäten überdenken und neu festlegen. Wo früher ein sauberes und ruhiges Zuhause wichtig war, kann jetzt das Überstehen des Tages als Priorität genügen.

In einem Haushalt, in dem mindestens ein Kind mit ADHS lebt, sind Anspannung und Stress oft groß. Die Eltern erleben manchmal Frustration, Erschöpfung und das Gefühl, dass sie den Tag nicht überstehen werden.

Soziale Fertigkeiten und ADHS

Kinder mit ADS und ADHS haben möglicherweise Schwierigkeiten, Freunde zu finden, weil sie schüchtern oder introvertiert sind. Sie haben möglicherweise Schwierigkeiten, Beziehungen zu anderen Kindern aufzubauen, obwohl sie, wenn sie einmal Freunde gefunden haben, in der Regel Freunde bleiben.

Auf der anderen Seite können sie impulsiv und hyperaktiv sein. Dadurch wirken sie vielleicht aufgeschlossen und energiegeladen und können leicht Beziehungen zu anderen aufbauen, aber in Wirklichkeit ist es für sie schwieriger, Freundschaften zu pflegen.

Sie sind oft emotional unreif. Ihre Klassenkameraden sind ihnen vielleicht emotional um Jahre voraus, was es ihnen schwer macht, mit Gleichaltrigen in Beziehung zu treten und Kontakte zu knüpfen.
Einige Untersuchungen haben gezeigt, dass Kinder mit ADHS, insbesondere solche mit emotionalen Ausbrüchen oder aggressiven Tendenzen, Schwierigkeiten haben, mit Gleichaltrigen in Kontakt zu treten. Viele fühlen sich "anders" und haben das Gefühl, dass sie nicht dazugehören. Sie können sich isoliert fühlen.

Kinder mit ADHS neigen dazu, sich in einem kleinen, strukturierten Umfeld besser zu verhalten. Clubs wie Pfadfinder oder außerschulischer Kunst-, Musik-, Kampfsport- oder Sportunterricht sind oft gut geeignet. Diese Aktivitäten bieten oft Struktur und ständige Überwachung und geben den Kindern die Möglichkeit, in einer überwachten Umgebung mit anderen Kindern zu interagieren.

Emotionale Probleme
Die emotionale Reife eines Menschen entwickelt sich bis zum Alter von etwa 35 Jahren. Dieser Prozess kann bei Menschen mit ADHS langsamer verlaufen. Bei Kindern mit ADHS kann der Grad ihrer emotionalen Reife weit unter dem ihrer Altersgenossen ohne ADS liegen.

Menschen mit ADHS leiden auch unter einem geringen Selbstwertgefühl. Jahrelange Schwierigkeiten in der Schule oder das Gefühl der Unzulänglichkeit tragen zu diesen Gefühlen bei. Erwachsene, insbesondere diejenigen, bei denen in der Kindheit keine Diagnose gestellt oder keine Behandlung durchgeführt wurde, tragen das Gefühl eines geringen Selbstwertgefühls oft in ihr Erwachsenenleben hinein.
Darüber hinaus treten bei ADHS häufig Begleiterkrankungen auf. Angstzustände, Depressionen, bipolare Störungen und Lernbehinderungen treten häufig zusammen mit ADHS auf. Diese Erkrankungen können eine genaue Diagnose und Behandlung der Betroffenen erschweren.

Kapitel 7 - Komorbidität und Zusammenhang mit der Nutzung von elektronischen Geräten

In diesem Kapitel werden zwei sehr wichtige Themen behandelt:
1. Der Zusammenhang zwischen ADHS und der Nutzung von elektronischen Geräten
2. Komorbidität, wobei unter Komorbidität die Verbindung von ADHS mit anderen Störungen wie Angst, Depression und Legasthenie verstanden wird.

Der Zusammenhang zwischen ADHS und der Nutzung von elektronischen Geräten
In mehreren Studien, die im Laufe der Jahre durchgeführt wurden, wurde der Zusammenhang zwischen Mediennutzung und ADHS-bezogenem Verhalten bei Kindern und Jugendlichen untersucht. Diese Studien haben verschiedene Zusammenhänge zwischen der Nutzung digitaler Medien und ADHS-Symptomen festgestellt. Die Ergebnisse deuten darauf hin, dass eine hohe Medienexposition, insbesondere am Bildschirm, mit ADHS-Symptomen wie Unaufmerksamkeit und Impulsivität in Zusammenhang stehen kann. Systematische Übersichten und Meta-Analysen haben konsistente Belege für diesen Zusammenhang gefunden, die darauf hindeuten, dass die vor dem Bildschirm verbrachte Zeit zur Entwicklung und Schwere von ADHS beitragen kann. Einige Studien haben auch Zusammenhänge zwischen ADHS und Internetsucht oder Spielstörungen aufgezeigt, wobei die Symptome bei Personen mit beiden Störungen schwerer ausgeprägt sind. Darüber hinaus wurden wechselseitige Korrelationen festgestellt, die darauf hindeuten, dass Personen mit ADHS-Symptomen eher zu einer problematischen Nutzung digitaler Medien neigen und umgekehrt. Diese Ergebnisse unterstreichen, wie wichtig es ist, die Mediennutzung junger Menschen zu verstehen und zu steuern, um sowohl ADHS-

Symptome als auch Störungen der digitalen Mediennutzung anzugehen.

Andere psychische Komorbiditäten
Bei Kindern tritt ADHS in etwa zwei Dritteln der Fälle zusammen mit anderen Störungen auf.

Andere neurologische Entwicklungsstörungen sind häufige Komorbiditäten. Die Autismus-Spektrum-Störung (ASD), die mit einer Häufigkeit von 21 % bei ADHS-Betroffenen auftritt, beeinträchtigt soziale Fähigkeiten, Kommunikationsfähigkeit, Verhalten und Interessen. Sowohl ADHS als auch ASD können bei ein und derselben Person diagnostiziert werden. Lernbehinderungen wurden bei 20-30 % der Kinder mit ADHS festgestellt. Zu den Lernbehinderungen können Störungen der Sprachentwicklung und der akademischen Fähigkeiten gehören. ADHS gilt jedoch nicht als Lernbehinderung, verursacht aber sehr häufig akademische Schwierigkeiten. Auch geistige Behinderungen und das Tourette-Syndrom sind häufig.

ADHS geht häufig mit Opposition, Impulskontrolle und Verhaltensstörungen einher. Die oppositionelle Trotzstörung (ODD) tritt bei etwa 25 % der Kinder mit einer Unaufmerksamkeitsstörung und bei 50 % der Kinder mit einer kombinierten Störung auf. Sie ist gekennzeichnet durch wütende oder gereizte Stimmungen, streitsüchtiges oder trotziges und rachsüchtiges Verhalten, das für das Alter unangemessen ist. Eine Verhaltensstörung (CD) tritt bei etwa 25 % der Jugendlichen mit ADHS auf. Sie ist gekennzeichnet durch Aggression, Zerstörung von Eigentum, Falschheit, Diebstahl und Regelverstöße. Bei Jugendlichen mit ADHS, die auch eine Verhaltensstörung haben, ist die Wahrscheinlichkeit größer, dass sie als Erwachsene eine antisoziale Persönlichkeitsstörung entwickeln. Die Bildgebung des Gehirns belegt, dass es sich bei CD und ADHS um getrennte Erkrankungen handelt, wobei Verhaltensstörungen nachweislich zu einer Verkleinerung des Schläfenlappens und des limbischen Systems und zu einer Vergrößerung des orbitofrontalen Kortex führen, während bei ADHS die Verbindungen im Kleinhirn und im präfrontalen Kortex in größerem Umfang reduziert sind. Bei der Verhaltensstörung ist die

Kontrolle der Motivation stärker beeinträchtigt als bei ADHS. Die intermittierende explosive Störung ist durch plötzliche, unverhältnismäßige Wutausbrüche gekennzeichnet und tritt bei Personen mit ADHS häufiger auf als in der Allgemeinbevölkerung.

Angst- und Stimmungsstörungen sind häufige Komorbiditäten. Angststörungen wurden in der ADHS-Population häufiger festgestellt, ebenso wie affektive Störungen (insbesondere bipolare Störungen und schwere depressive Störungen). Bei Kindern, bei denen der kombinierte Subtyp von ADHS diagnostiziert wurde, ist die Wahrscheinlichkeit höher, dass sie eine Gemütsstörung aufweisen. Erwachsene und Kinder mit ADHS haben manchmal auch eine bipolare Störung, was eine sorgfältige Untersuchung erfordert, um beide Erkrankungen genau zu diagnostizieren und zu behandeln.

Schlafstörungen und ADHS treten häufig in Kombination auf. Sie können auch als Nebenwirkung von Medikamenten auftreten, die zur Behandlung von ADHS eingesetzt werden. Bei Kindern mit ADHS ist Schlaflosigkeit die häufigste Schlafstörung, wobei eine Verhaltenstherapie die bevorzugte Behandlung ist. Probleme mit dem Einschlafen sind bei Menschen mit ADHS häufig, aber sie leiden häufig unter Schlafentzug und haben erhebliche Schwierigkeiten, morgens aufzustehen. Melatonin wird manchmal bei Kindern mit Einschlafproblemen eingesetzt. Insbesondere die Störung der unruhigen Beine kommt bei ADHS-Patienten häufiger vor und ist häufig auf eine Eisenmangelanämie zurückzuführen. Unruhige Beine können jedoch auch einfach nur ein Teil von ADHS sein und erfordern eine sorgfältige Untersuchung, um zwischen den beiden Störungen zu unterscheiden. Eine verzögerte zirkadiane Rhythmusstörung ist ebenfalls eine häufige Komorbidität bei Menschen mit ADHS.

Es gibt andere Störungen, die häufig mit ADHS einhergehen, wie z. B. Drogenkonsum. Menschen mit ADHS haben ein erhöhtes Risiko für Drogenmissbrauch. Am häufigsten wird dies bei Alkohol oder Cannabis beobachtet. Der Grund dafür sind möglicherweise veränderte Belohnungsbahnen im Gehirn von Personen mit ADHS, Selbstbehandlung und erhöhte psychosoziale Risikofaktoren. Dies erschwert die Bewertung und Behandlung von ADHS, wobei schwere Drogenmissbrauchsprobleme aufgrund ihrer höheren Risiken in der Regel zuerst behandelt werden. Zu den anderen psychischen Erkrankungen gehören die reaktive Bindungsstörung, die durch eine schwere Unfähigkeit zu angemessenen sozialen Beziehungen gekennzeichnet ist, und das kognitive Disengagement-Syndrom, eine ausgeprägte Aufmerksamkeitsstörung, die bei 30-50 % der ADHS-Fälle als Komorbidität auftritt, unabhängig vom Erscheinungsbild. Bei einer Teilmenge der mit ADHS-PIP diagnostizierten Fälle wurde stattdessen CDS festgestellt. Bei Menschen mit ADHS ist die Wahrscheinlichkeit, eine Essstörung zu entwickeln, dreimal so hoch wie bei Menschen ohne ADHS. Umgekehrt ist die Wahrscheinlichkeit, dass Menschen mit einer Essstörung ADHS haben, doppelt so hoch wie bei Menschen ohne Essstörung.

Trauma
ADHS, Trauma und negative Kindheitserfahrungen sind ebenfalls komorbid, was möglicherweise zum Teil durch die Ähnlichkeit des Erscheinungsbildes der verschiedenen Diagnosen erklärt werden kann. Die Symptome von ADHS und PTBS können erhebliche Verhaltensüberschneidungen aufweisen, insbesondere motorische Unruhe, Konzentrationsschwierigkeiten, Ablenkbarkeit, Reizbarkeit/Wut, emotionale Einschränkung oder Dysregulation, schlechte Impulskontrolle und Vergesslichkeit sind bei beiden gemeinsam. Dies könnte dazu führen, dass traumabezogene Störungen oder ADHS fälschlicherweise als das jeweils andere erkannt werden. Außerdem sind traumatische Ereignisse in der Kindheit ein Risikofaktor für ADHS: Sie können zu strukturellen Veränderungen im Gehirn und zur Entwicklung von ADHS-Verhalten führen. Schließlich erhöhen die Verhaltensfolgen von ADHS-Symptomen die Wahrscheinlichkeit, dass die betreffende Person ein Trauma erlebt hat (und somit führt ADHS zu einer konkreten Diagnose einer traumabedingten Störung).

Nicht-psychische Erkrankungen
Einige nicht-psychische Erkrankungen sind ebenfalls Komorbiditäten von ADHS. Dazu gehört Epilepsie, eine neurologische Erkrankung, die durch wiederkehrende Anfälle gekennzeichnet ist. Es gibt bekannte Zusammenhänge zwischen ADHS und Fettleibigkeit, Asthma und Schlafstörungen sowie einen Zusammenhang mit Zöliakie. Kinder mit

ADHS haben ein höheres Risiko für Migräne, aber kein erhöhtes Risiko für Spannungskopfschmerzen. Darüber hinaus können Kinder mit ADHS auch unter medikamentösen Kopfschmerzen leiden.

In einer Übersichtsarbeit aus dem Jahr 2021 wird berichtet, dass mehrere neurometabolische Störungen, die durch angeborene Stoffwechselstörungen verursacht werden, auf gemeinsamen neurochemischen Mechanismen beruhen, die mit biologischen Mechanismen interferieren und als zentral für die Pathophysiologie und Behandlung von ADHS gelten. Dies unterstreicht, wie wichtig eine enge Zusammenarbeit zwischen den Gesundheitsdiensten ist, um klinische Unklarheiten zu vermeiden.

Im Juni 2021 veröffentlichte Neuroscience & Biobehavioral Reviews eine systematische Überprüfung von 82 Studien, die alle eine erhöhte Unfallneigung bei Patienten mit ADHS bestätigten oder nahelegten und deren Daten darauf schließen ließen, dass sich die Art der Unfälle oder Verletzungen und das Gesamtrisiko bei Patienten mit ADHS im Laufe des Lebens ändern. Im Januar 2014 veröffentlichte Accident Analysis & Prevention eine Meta-Analyse von 16 Studien, die das relative Risiko von Verkehrsunfällen für Fahrer mit ADHS untersuchten. Dabei wurde ein relatives Gesamtrisiko von 1,36 ohne Kontrolle der Exposition, ein relatives Risiko von 1,29 bei Kontrolle der Publikationsverzerrung, ein relatives Risiko von 1,23 bei Kontrolle der Exposition und ein relatives Risiko von 1,86 für Fahrer mit ADHS mit Komorbiditäten wie oppositionellem Trotzverhalten und/oder Verhaltensstörungen festgestellt.

Selbstmordrisiko
Systematische Überprüfungen, die 2017 und 2020 durchgeführt wurden, erbrachten starke Belege dafür, dass ADHS in allen Altersgruppen mit einem erhöhten Suizidrisiko verbunden ist, sowie zunehmende Belege dafür, dass eine ADHS-Diagnose im Kindes- oder Jugendalter ein erheblicher zukünftiger Risikofaktor für Suizid ist. Zu den möglichen Ursachen gehören die Assoziation von ADHS mit funktionellen Beeinträchtigungen, negativen sozialen, schulischen und beruflichen Ergebnissen sowie finanziellen Notlagen. Eine Meta-Analyse aus dem Jahr 2019 deutet auf einen signifikanten Zusammenhang zwischen ADHS und

Verhaltensweisen in einem breiten Spektrum der Suizidalität hin (Suizidversuche, Suizidgedanken, Suizidpläne und vollendete Suizide). In den untersuchten Studien lag die Prävalenz von Suizidversuchen bei Probanden mit ADHS bei 18,9 %, verglichen mit 9,3 % bei Probanden ohne ADHS, und die Ergebnisse wurden in Studien, die für andere Variablen angepasst wurden, weitgehend bestätigt. Der Zusammenhang zwischen ADHS und Suizidalität bleibt jedoch aufgrund der uneinheitlichen Schlussfolgerungen der einzelnen Studien und der komplizierten Auswirkungen komorbider psychischer Störungen unklar. Es gibt keine eindeutigen Daten darüber, ob ein direkter Zusammenhang zwischen ADHS und Suizid besteht oder ob ADHS das Suizidrisiko durch Komorbiditäten erhöht.

Leistung in IQ-Tests
Einige Studien haben ergeben, dass Menschen mit ADHS bei Intelligenztests (IQ) tendenziell schlechter abschneiden. Die Bedeutung dieses Ergebnisses ist umstritten, da es Unterschiede zwischen Menschen mit ADHS gibt und es schwierig ist, den Einfluss von Symptomen wie Ablenkbarkeit auf niedrigere Werte als auf intellektuelle Fähigkeiten zu bestimmen. In Studien über ADHS sind höhere IQ-Werte möglicherweise überrepräsentiert, weil viele Studien Personen mit niedrigeren IQ-Werten ausschließen, obwohl Menschen mit ADHS bei standardisierten Intelligenzmessungen im Durchschnitt neun Punkte weniger erreichen. Andere Studien widersprechen dem jedoch und stellen fest, dass bei Personen mit hoher Intelligenz ein erhöhtes Risiko besteht, dass eine ADHS-Diagnose übersehen wird, was wahrscheinlich auf kompensatorische Strategien bei diesen Personen zurückzuführen ist.

Studien an Erwachsenen deuten darauf hin, dass negative Intelligenzunterschiede nicht signifikant sind und durch damit verbundene gesundheitliche Probleme erklärt werden können.

Buch 2 - Natürliche Strategien zur Bewältigung von ADHS
Kapitel 1 - Herausforderungen und Chancen

ADHS-Symptome können Teile des Arbeits- oder Schullebens erschweren, z. B. das Befolgen von Anweisungen und das Erledigen von Aufgaben. Obwohl es keine Heilung für ADHS gibt, können wirksame Behandlungen und Bewältigungsstrategien Ihnen helfen, die Herausforderungen zu meistern, die diese Erkrankung mit sich bringt.

Übung 2
Bevor Sie mit der Lektüre fortfahren, beantworten Sie die folgenden Fragen:
- Glauben Sie, dass Ihr Kind vor Herausforderungen stehen wird?
_____
- Glauben Sie, dass es auch Chancen gibt? _____

Schreiben Sie unten über die Herausforderungen und Chancen.
_____
_____
_____
_____

1. Vereinbarkeit von Schule/Arbeit und Privatleben

Vielen Menschen fällt es schwer, ein dauerhaftes Gleichgewicht zwischen Schule/Arbeit und Privatleben zu finden. ADHS kann die Dinge noch komplizierter gestalten.

Aufgrund von Schwierigkeiten mit exekutiven Funktionen kann es für Menschen mit ADHS schwierig sein, Arbeit und Privatleben unter einen Hut zu bringen. Das Kind kann das Gefühl haben, zu viele Dinge auf einmal erledigen zu müssen, und eine Tendenz zum Perfektionismus oder zum Aufschieben entwickeln. In der Schule kann dies die Produktivität weiter beeinträchtigen.

Es wäre ratsam, das Kind nicht unter Druck zu setzen. Es kann und sollte nicht nach Spitzenleistungen streben. Versuchen Sie, es dazu zu bringen, sein Bestes zu geben, auch wenn das Ergebnis für Sie nicht zufriedenstellend ist, für ihn wird es das sein.

Das Kind versucht auch, jedes Mal zu erkennen, dass seine Bemühungen nicht zum Ergebnis führen. Bei dieser Gelegenheit kann er sich frustriert und niedergeschlagen fühlen.

2. Konzentration inmitten von ständigen Ablenkungen

Konzentrationsschwierigkeiten können für Kinder in der Schule besonders problematisch sein. Während der Lehrer spricht, können Kinder mit ADHS leicht von ihrer Umgebung abgelenkt werden.

Hintergrundgeräusche, wie z. B. das Klicken eines Stifts, können den Unterricht überlagern. Dies kann sich negativ auf die akademischen Leistungen des Kindes und seine Fähigkeit, sich auf die Aufgabe zu konzentrieren, auswirken.

Bei einigen Kindern können schulische Vorkehrungen helfen. Das kann bedeuten, dass das Kind in einem Bereich mit weniger Ablenkungen sitzt und mehr Zeit für die Hausaufgaben bekommt.

3. Hyperfokus auf bestimmte Aufgaben

Bei ADHS geht es nicht nur um die Unfähigkeit, sich zu konzentrieren, sondern vielmehr um die Schwierigkeit, die Aufmerksamkeit konsequent zu steuern.

Viele Menschen erleben Phasen der Hyperfokussierung, wenn sie sich auf eine Aufgabe konzentrieren. Dabei handelt es sich um eine intensive Fixierung auf eine Sache, bei der man "in the zone" ist und jegliches Zeitgefühl verliert.

Hyperfokus kann in manchen Fällen der Produktivität förderlich sein, aber er kann auch vom eigentlichen Ziel ablenken.

Wenn das Kind dazu neigt, sich zu sehr zu konzentrieren, kann folgendes helfen:
- Stellen Sie einen Timer ein, damit Sie die Zeit, die das Kind in der Hyperfokalisierung verbringt, im Auge behalten können.

- An andere Aufgaben erinnern, denen das Kind sich widmen muss

4. Einen überaktiven Geist haben

Wenn das Kind einen überaktiven Geist hat, hat es vielleicht das Gefühl, dass seine Gedanken mit einer beeindruckenden Geschwindigkeit ablaufen. Wahrscheinlich hat es mehrere Gedanken gleichzeitig im Kopf, was es schwierig macht, sich auf eine einzige Aufgabe oder ein Thema zu konzentrieren.

Schnelle Gedanken können eine Herausforderung sein. Um den Geist zu beruhigen, sollten Sie einige Achtsamkeitsübungen durchführen. Konzentrieren Sie sich auf den gegenwärtigen Moment und atmen Sie ein paar Mal tief durch.

5. Verzweifeltes Gefühl im Angesicht des Scheiterns

Wenn jemand an ADHS leidet, können selbst kleine Aufgaben unmöglich erscheinen. Er braucht vielleicht mehr Zeit, um eine Aufgabe zu erledigen. Deshalb schiebt er sie auf, denkt aber oft daran. Dies kann zu Gefühlen der Erschöpfung und Müdigkeit führen, auch wenn er auf seiner Aufgabenliste keine Fortschritte gemacht hat.

Helfen Sie dem Kind, größere Aufgaben in kleinere zu unterteilen, die es nicht einschüchtern. Auch materielle Unordnung kann überwältigend sein, daher kann es hilfreich sein, für Ordnung zu sorgen.

6. Überspringen oder Überstürzen von Mahlzeiten

Wenn man sich leicht ablenken lässt, kann man leicht das Zeitgefühl verlieren und feststellen, dass man eine Mahlzeit verpasst hat. Dann kann es passieren, dass man hungrig ist und zu viel isst.

Beachten Sie die folgenden Tipps, um konsequentere Essgewohnheiten beizubehalten:
- gleichmäßige Verteilung der Mahlzeiten über den Tag
- Vermeiden Sie Ablenkungen während der Mahlzeiten, wie z. B. das Scrollen auf dem Handy oder Fernsehen
- Nehmen Sie sich Zeit für die Mahlzeit, damit Sie nicht zur Eile neigen.

Laut einer Studie aus dem Jahr 2018 treten Essstörungen häufig zusammen mit ADHS auf.

7. Sich leicht langweilen

Langeweile ist kein offizielles Symptom von ADHS, kann aber die Folge davon sein, dass man sich leicht ablenken lässt und Schwierigkeiten hat, sich zu konzentrieren.

Aufgaben, die weniger interessant sind, werden wahrscheinlich nicht seine Aufmerksamkeit erregen. Dazu könnten Hausarbeiten, Arbeit oder Schulaufgaben gehören.
Kinder, die sich in der Schule langweilen, können das Interesse am schulischen Leben verlieren, und ihre Noten können infolgedessen sinken. Erwachsene können das Interesse an einigen wichtigen Arbeitsaufgaben oder Elementen ihrer Beziehungen verlieren.

Manche Aufgaben lassen sich nicht vermeiden, aber man kann sie erträglicher gestalten, indem man das Kind Pausen machen lässt und es danach belohnt. Sie können auch Aufgaben abändern, die es sonst langweilen würden, z. B. Musik hören, während es hilft, den Tisch zu decken.

8. Geringes Selbstwertgefühl

Kinder mit ADHS werden oft missverstanden und als verhaltensauffällig oder zu energisch angesehen, was zu ständiger Kritik an ihrem Verhalten oder ihrer Persönlichkeit führen kann. Mit der Zeit kann dies zu Problemen mit dem Selbstwertgefühl führen.

Erwachsene mit ADHS schämen sich oft für Gefühle, die aufgrund von Aufmerksamkeits- und Konzentrationsdefiziten nicht den Erwartungen entsprechen. Dies kann zu einem geringen Selbstwertgefühl führen oder dieses verstärken.

Kapitel 2 - Wie man mit Kindern über ADHS spricht

Wenn bei Ihrem Kind gerade eine Aufmerksamkeitsdefizit-/Hyperaktivitätsstörung (ADHS) diagnostiziert worden ist, fehlen Ihnen vielleicht die Worte.

Die gute Nachricht ist, dass es Möglichkeiten gibt, die Krankheit so zu erklären, dass Sie sie verstehen und einen Aktionsplan haben. Aber alles beginnt damit, dass Sie ADHS verstehen.

ADHS, vereinfacht dargestellt
ADHS wird nach den Symptomen Unaufmerksamkeit, Hyperaktivität, Hyperfokus und Impulsivität eingeteilt. Da das Gehirn eines jeden Menschen etwas anders ist, kann es sein, dass Menschen mit ADHS einige spezifische Symptome stärker wahrnehmen als andere, aber es ist auch möglich, dass sie einige von ihnen überhaupt nicht wahrnehmen.

Folglich gibt es drei Haupttypen von ADHS, je nachdem, welche Symptome Ihr Kind aufweist:

- **Überwiegend unaufmerksames ADHS:** Dieser Typus beschreibt ein Kind mit ADHS, dessen größte Herausforderung darin besteht, über einen längeren Zeitraum hinweg aufmerksam zu sein oder sich zu konzentrieren. Auch ein gewisses Maß an Hyperaktivität und Impulsivität ist möglich, jedoch nicht in einem Ausmaß, das das tägliche Leben beeinträchtigt.
- **Überwiegend hyperaktiv-impulsives ADHS:** Dieser Typus trifft auf ein Kind mit ADHS zu, das Schwierigkeiten hat, still zu sitzen. Dieses Kind hat möglicherweise das Bedürfnis, sich viel zu bewegen, um aufmerksam zu sein. Impulsive Entscheidungen können an der Tagesordnung sein. Es ist möglich, dass es ein gewisses Maß an Unaufmerksamkeit aufweist.
- **Kombinierte Form:** Dieser Typ trifft auf ein Kind zu, das gleichzeitig hyperaktive und inaktive ADHS-Symptome aufweist.

Es ist wichtig, zunächst einmal herauszufinden, welche Art von ADHS bei Ihrem Kind vorliegt, denn dies kann Ihnen Aufschluss darüber geben, wie Sie - und seine Lehrer - auf seine spezifischen Lernbedürfnisse eingehen können.

Was Sie tun sollten, wenn Sie mit Ihrem Kind über ADHS sprechen
Bevor Sie mit Ihrem Kind sprechen, sollten Sie Ihre Worte sorgfältig wählen. Sie wollen ihm keine Angst einjagen oder Ängste schüren, aber Sie wollen auch nicht verharmlosen, was ADHS ist, und es unvorbereitet lassen. Was ist also zu tun?

1. An der Wissenschaft festhalten
2. Positiv bleiben
3. Ihm den Weg zum Erfolg ebnen

Hier ist eine Liste von Sätzen, die Sie sagen könnten:
- "ADHS ist ein Teil von dir, aber es ist nicht das Wichtigste an dir."
- "Viele intelligente, kreative Menschen haben auch ADHS. Das bedeutet nur, dass sie ein bisschen anders lernen, und wir wollen den besten Weg für dich finden, um zu lernen."
- "Manchmal fällt es dir vielleicht schwerer, deiner Lehrerin oder deinem Lehrer zuzuhören, und das ist für viele Menschen mit ADHS völlig normal. Deshalb haben wir nach neuen Wegen gesucht, um dir zu helfen, deinem Lehrer besser zuzuhören."
- "Es ist nichts 'falsch' mit dir oder deinem Gehirn. Dein Gehirn arbeitet nur etwas schneller als das anderer Menschen, und es könnte dir manchmal schwer fallen, es zu verlangsamen. Aber genau deshalb üben wir im Unterricht, still zu sein."

Übung 3
Bevor Sie weiterlesen, schreiben Sie andere Sätze auf, die Sie zu Ihrem Kind sagen könnten, um ihm zu helfen, mit der Diagnose ADHS umzugehen.
Diese Sätze können Ihnen in Zeiten der Not helfen:

_____
_____
_____
_____

Was Sie nicht tun sollten, wenn Sie mit Ihrem Kind über ADHS sprechen
Manchmal kann unsere Frustration über ein Thema unabhängig von den Worten, die wir den Kindern vermitteln, zum Vorschein kommen. Es ist auch wichtig, darauf zu achten, wie wir Informationen weitergeben und welche Ausdrücke wir vermeiden sollten, z. B. sie zu beschimpfen oder zu beschämen, weil sie ADHS haben.

Diese 8 Tipps, die von zwei Fachleuten verfasst wurden, können helfen:
1. Geben Sie Ihrem Kind das Gefühl, geliebt und akzeptiert zu werden. Helfen Sie ihm zu verstehen, dass ADHS nichts mit seiner Intelligenz oder seinen Fähigkeiten zu tun hat und kein Defekt ist.

Sie könnten ihm sagen, dass die Behandlung seinem Gehirn helfen kann, sich besser zu konzentrieren, so wie jemand eine Brille trägt, um besser sehen zu können.

2. Achten Sie darauf, dass Sie den Zeitpunkt des Gesprächs klug wählen. Es sollte ein Zeitpunkt sein, an dem es unwahrscheinlich ist, dass es unterbrochen wird.

Versuchen Sie, einen Zeitpunkt zu wählen, an dem Ihr Kind nichts anderes tun möchte, z. B. beim Spielen im Freien oder vor dem Abendessen oder der Schlafenszeit.
Lassen Sie etwas Zeit für eine Nachbereitung, damit Sie nach dem Gespräch für das Kind da sind, wenn es weitere Fragen hat.

3. Lassen Sie Ihr Kind wissen, dass es nicht allein ist.

Viele andere Menschen haben ADHS, und jeder mit ADHS kann erfolgreich sein. Nennen Sie Ihrem Kind Beispiele von Menschen, die ADHS haben und die es vielleicht kennt, wie Walt Disney, Michael Phelps und den Sänger Adam Levine. Es könnte für Ihr Kind hilfreich sein, mit jemandem zu sprechen, der ADHS hat, z. B. mit einem Verwandten oder engen Familienfreund. Lassen Sie Ihr Kind wissen, dass es etwas Besonderes ist und erfolgreich sein kann.

4. Erwarten Sie KEIN sofortiges Interesse.

Seien Sie nicht überrascht, wenn Ihr Kind nicht sofort antwortet oder desinteressiert scheint. Manche Kinder, vor allem jüngere, brauchen eine gewisse Zeit, um neue Informationen zu verarbeiten oder um zu wissen, welche Fragen sie stellen sollen.

5. Informieren Sie sich mehr über ADHS.

Sprechen Sie mit Ihrem Arzt oder kontaktieren Sie Selbsthilfegruppen in Ihrer Umgebung. Eines der besten Dinge, die Sie tun können, ist, mit anderen Eltern, die bereits Erfahrungen mit ADHS haben, darüber zu sprechen.

6. Konzentrieren Sie sich NICHT auf das Negative.

Konzentrieren Sie sich auf seine Stärken, auf das, was er gut kann, und loben Sie seine Erfolge. Ob Sport, Kunst oder Tanz - mit Ihrer Unterstützung kann er seinen Interessen nachgehen und erfolgreich sein.

7. Erlauben Sie Ihrem Kind NICHT, sein ADHS als Ausrede zu benutzen.

Kinder dürfen es sich nicht leicht machen, indem sie ihre Misserfolge auf ihr ADHS schieben. Eltern müssen ihrem Kind helfen zu verstehen, dass ADHS kein Grund ist, die Hausaufgaben nicht zu erledigen, nicht sein Bestes zu geben oder aufzugeben.

8. Pflegen Sie eine offene Kommunikation.

Ein Gespräch ist nur der Anfang. Setzen Sie den Dialog fort, sprechen Sie über die Schule, ihre Freunde, Hausaufgaben, außerschulische Aktivitäten und behalten Sie eine positive Einstellung bei.

Kapitel 3 - Erfolgreiche Sozialisierungsstrategien: Die Bedeutung des Spiels

Der Sozialisationsprozess kann für Eltern von Kindern mit Aufmerksamkeitsdefizit-Hyperaktivitätsstörung (ADHS) eine besondere Herausforderung darstellen. Es ist jedoch wichtig zu verstehen, dass das Spiel eine entscheidende Rolle dabei spielt, Kindern mit ADHS zu helfen, sinnvolle soziale Fähigkeiten zu entwickeln. In diesem Kapitel werden wir uns mit wirksamen Strategien zur Förderung der Sozialisation durch Spielen befassen und den Eltern das nötige Handwerkszeug an die Hand geben, um ihr Kind dabei zu unterstützen, im sozialen Kontext erfolgreich zu sein.

Die Bedeutung des Spiels im Zusammenhang mit ADHS
Spielen ist eine grundlegende Methode, mit der Kinder soziale Fähigkeiten erwerben und stärken. Für Kinder mit ADHS kann das Spiel eine strukturierte und angenehme Umgebung bieten, in der sie soziale Interaktionen üben, ihre Impulsivität besser steuern und das Bewusstsein für andere entwickeln können. Darüber hinaus fördert das Spiel die Kreativität, regt die Aufmerksamkeit an und bietet Möglichkeiten zur Problemlösung - Fähigkeiten, die für den sozialen Erfolg entscheidend sein können.

1. Auswahl des geeigneten Spiels
Die Auswahl geeigneter Spiele ist entscheidend, um die Beteiligung und den sozialen Nutzen für Kinder mit ADHS zu maximieren. Im Folgenden finden Sie einige Vorschläge für die Auswahl von Spielen, die die Sozialisierung fördern können:

- Strukturierte und klar definierte Spiele:

Die Wahl von Spielen, die klare Regeln und ein klar definiertes Ziel haben, kann Kindern mit ADHS helfen, sich zu konzentrieren und aktiv teilzunehmen. Spiele wie "Scharade", "Simon Says" oder Kartenspiele mit einfachen Regeln können besonders geeignet sein, da sie einen klaren

Rahmen bieten, der Unsicherheiten und das Risiko von Frustration verringert.

- Kooperationsspiele:

Die Bevorzugung von Spielen, die eine Zusammenarbeit zwischen den Spielern erfordern, kann das Kind mit ADHS ermutigen, wichtige soziale Fähigkeiten wie Teilen, Kommunikation und Teamarbeit zu entwickeln. Spiele wie "Baut gemeinsam eine Geschichte", "Team-Schatzsuche" oder "Baut gemeinsam einen Turm" bieten die Möglichkeit, zusammen auf ein gemeinsames Ziel hinzuarbeiten und fördern das Gefühl der Zugehörigkeit und Zusammenarbeit.

- Spiele, die die Fantasie und Kreativität anregen:

Kinder mit ADHS zeichnen sich oft durch ihre Kreativität und Fantasie aus. Die Wahl von Spielen, die die Vorstellungskraft fördern, kann für ihr soziales Engagement äußerst lohnend sein. Rollenspiele wie "Der Arzt und der Patient", "Das Spukhaus" oder "Der Spielzeugladen" ermöglichen es Kindern, imaginäre Welten zu erkunden und auf innovative Weise zu interagieren.

- Spiele, die an individuelle Bedürfnisse angepasst werden können:

Es ist wichtig, bei der Auswahl der Spiele die spezifischen Vorlieben und Bedürfnisse des Kindes mit ADHS zu berücksichtigen. Einige bevorzugen vielleicht aktivere und körperliche Spiele wie "Volleyball", "Fußball" oder "Capture the Flag", während andere vielleicht ruhigere und kreativere Aktivitäten wie "Freies Zeichnen", "Halsketten basteln" oder "Bauen mit Bausteinen" schätzen.

- Spiele, die das soziale Miteinander ohne Druck fördern:

Die Vermeidung von Wettbewerbsspielen oder Spielen, die eine schnelle Reaktion erfordern, kann Stress und Frustration für das Kind mit ADHS verringern. Entscheiden Sie sich stattdessen für Spiele, die es den Spielern ermöglichen, in einem angenehmen Tempo voranzukommen, und die mehrere Gelegenheiten für informelle soziale Interaktion bieten, wie z. B.

"gemeinsam ein Puzzle machen", "Kekse verzieren" oder "eine Cartoon-Geschichte erstellen".

- Spiele, die sich den kognitiven und motorischen Fähigkeiten anpassen:

Es ist wichtig, dass die ausgewählten Spiele dem kognitiven und motorischen Entwicklungsstand des Kindes mit ADHS entsprechen, um eine positive und lohnende Erfahrung zu gewährleisten. Die Auswahl von Spielen mit unterschiedlichen Schwierigkeitsgraden und die Möglichkeit einer angepassten Teilnahme können den Erfolg und das Wachstum des Kindes fördern.

2. Schaffung eines positiven Spielumfelds

Die Umgebung, in der das Spiel stattfindet, kann einen erheblichen Einfluss auf die Beteiligung und die sozialen Interaktionen des Kindes mit ADHS haben. Hier sind einige Vorschläge für die Schaffung eines positiven Spielumfelds:

- Gut definierter und organisierter Raum:

Ein spezieller Raum zum Spielen kann den Kindern helfen, sich zu konzentrieren und sich auf das Spiel einzulassen. Wenn der Raum frei von Ablenkungen und gut organisiert ist und Spielzeug und Materialien leicht zugänglich und aufgeräumt sind, kann dies zu einem angenehmeren und flüssigeren Spielerlebnis beitragen.

- Beseitigen Sie Ablenkungen:

Die Minimierung äußerer Ablenkungen wie Lärm und helles Licht kann dazu beitragen, die Konzentration aufrechtzuerhalten und sich voll auf das Spiel einzulassen. Das Schließen von Türen und Fenstern, um Geräusche von außen zu reduzieren, und das Ausschalten von elektronischen Geräten, die ablenken könnten, kann eine ruhigere, konzentriertere Umgebung schaffen.

- Strukturierung der Spielzeit:

Die Festlegung einer regelmäßigen Spielzeit kann ihm/ihr helfen, eine Routine zu entwickeln und sich mental auf die Aktivität vorzubereiten. Die

Festlegung eines klaren Zeitlimits für das Spiel kann auch dazu beitragen, dass das Kind konzentriert bleibt und Frustration beim Übergang zu anderen Aktivitäten vermieden wird.

- Legen Sie klare und gemeinsame Regeln fest:

Die Festlegung klarer Regeln und Erwartungen für das Verhalten beim Spielen kann eine positive und respektvolle Spielumgebung fördern. Die Einbeziehung des Kindes in die Aufstellung dieser Regeln kann sein Verantwortungsgefühl und seine Beteiligung am Entscheidungsprozess stärken.

- Förderung eines Klimas der Achtung und Zusammenarbeit:

Die Förderung von Freundlichkeit, Zusammenarbeit und gegenseitigem Respekt während des Spiels kann ein Klima des Vertrauens und der Unterstützung unter den Teilnehmern schaffen. Die Wertschätzung der Bemühungen und die Förderung des Respekts für die Meinung anderer können positive und konstruktive Beziehungen während des Spiels fördern.

- Bieten Sie Unterstützung und Ermutigung an:

Wenn Sie während des Spiels anwesend und verfügbar sind, können Sie ihm die emotionale und praktische Unterstützung geben, die es braucht. Ermutigung und Lob für seine Bemühungen und Erfolge beim Spielen können sein Selbstvertrauen und seine Erfolgserlebnisse stärken.

- Konstruktiver Umgang mit Konfliktsituationen:

Es ist unvermeidlich, dass während des Spielens Konflikte entstehen. Es ist jedoch wichtig, mit diesen Situationen konstruktiv umzugehen und eine offene Kommunikation und die Suche nach gemeinsamen Lösungen zu fördern. Wenn man dem Kind hilft, seine Gefühle angemessen auszudrücken und nach Kompromissen zu suchen, kann das die Entwicklung seiner Fähigkeiten zur Problemlösung und zum Umgang mit Emotionen fördern.

3. Modellierung angemessenen Sozialverhaltens

Eltern spielen eine Schlüsselrolle, wenn es darum geht, ihrem Kind mit ADHS ein angemessenes Sozialverhalten vorzuleben. Hier sind einige Tipps, wie man positives Sozialverhalten beim Spielen vorleben kann:

- Ein guter Zuhörer sein:

Wenn Sie ihm beim Spielen Aufmerksamkeit und Interesse entgegenbringen, können Sie ihn dazu ermutigen, dasselbe zu tun. Auf seine Worte zu achten, seine Gedanken zu respektieren und einfühlsam zu reagieren, kann eine offene und konstruktive Kommunikation fördern.

- Sich in Freundlichkeit und Geduld üben:

Freundlichkeit und Geduld während des Spiels zu zeigen, kann ein starkes Beispiel sein. Wenn man in Momenten der Frustration oder Verwirrung geduldig ist und andere Spieler mit Respekt und Höflichkeit behandelt, kann das Kind zu ähnlichem Verhalten ermutigt werden.

- Respektieren Sie die Spielregeln:

Das sorgfältige Befolgen der Spielregeln kann dem Kind die Bedeutung der Einhaltung sozialer Normen vermitteln. Ein Vorbild für regelkonformes Verhalten zu sein, kann dem Kind helfen zu verstehen, wie wichtig es ist, sich beim Spielen und in anderen Situationen an soziale Normen zu halten.

- Zusammenarbeiten und teilen:

Die aktive Teilnahme am Spiel in einer kooperativen Weise und das Teilen von Ressourcen und Möglichkeiten kann die Bedeutung von Kooperation und Teilen zeigen. Die Bereitschaft, den eigenen Zug aufzugeben, andere SpielerInnen zu unterstützen und zusammenzuarbeiten, um ein gemeinsames Ziel zu erreichen, kann einen dazu ermutigen, dasselbe zu tun.

- Angemessener Umgang mit Emotionen:

Dem Kind zu zeigen, wie es beim Spielen angemessen mit seinen Emotionen umgehen kann, kann sehr prägend sein. Der ruhige und kontrollierte Ausdruck von Emotionen, der konstruktive Umgang mit

Konflikten und die Suche nach friedlichen Lösungen können wirksame Strategien für den Umgang mit sozialen Herausforderungen vermitteln.

4. Förderung der Praxis des Teilens und der Zusammenarbeit
Teilen und Kooperieren sind wichtige soziale Fähigkeiten, die durch Spielen entwickelt und gestärkt werden können. Im Folgenden finden Sie einige Vorschläge, wie Sie diese Fähigkeiten beim Spielen fördern können:

- Förderung des Gemeinschaftssinns:

Die Schaffung eines Spielumfelds, das ein Gefühl von Gemeinschaft und Zugehörigkeit fördert, kann sie ermutigen, mit anderen Spielern zu teilen und zu kooperieren. Durch die Betonung der Bedeutung von Teamarbeit und Solidarität kann eine Kultur des Teilens und der gegenseitigen Unterstützung während des Spiels gefördert werden.

- Bieten Sie Möglichkeiten zur Zusammenarbeit an:

Die Wahl von Spielen, die Zusammenarbeit und Koordination zwischen den Spielern kann die Praxis des Teilens und der Zusammenarbeit fördern. Spiele wie "Bauen Sie gemeinsam eine Stadt", "Lösen Sie gemeinsam ein Rätsel" oder "Erfinden Sie eine gemeinsame Geschichte" bieten die Möglichkeit, auf ein gemeinsames Ziel hinzuarbeiten und so ein Gefühl der Zugehörigkeit und gegenseitigen Abhängigkeit zu fördern.

- Belohnung von Teilen und Kooperation:

Die Anerkennung und Belohnung von gemeinsamem und kooperativem Verhalten während des Spiels kann das Kind ermutigen, dieses Verhalten in Zukunft zu wiederholen. Lob und positive Verstärkung, wenn das Kind ein Verhalten des Teilens, der Zusammenarbeit und der gegenseitigen Unterstützung zeigt, kann die Bedeutung dieser sozialen Fähigkeiten verstärken.

- Modellierung des Teilungs- und Kooperationsverhaltens:

Ein Vorbild für das Teilen und die Zusammenarbeit während des Spiels zu sein, kann bei der Förderung dieser Fähigkeiten sehr effektiv sein. Das Teilen von Ressourcen und Möglichkeiten, die Zusammenarbeit mit anderen Spielern und die Wertschätzung für die Bemühungen anderer können greifbare Beispiele für sozial positives Verhalten sein, das das Kind nachahmen kann.

- Unterstützung und Anleitung bieten:

Unterstützung und Anleitung beim Spielen können ihm helfen, ein tieferes Verständnis für die Konzepte des Teilens und der Zusammenarbeit zu entwickeln. Wenn Sie ihm helfen, Situationen zu erkennen, in denen Teilen und Kooperation notwendig sind, und ihm Vorschläge machen, wie es mit solchen Situationen effektiv umgehen kann, können Sie seine soziale Entwicklung und seinen Erfolg im Spiel fördern.

5. Vermittlung von Konfliktlösungsstrategien

Konflikte sind beim Spielen unvermeidlich, aber Ihrem Kind wirksame Strategien beizubringen, um sie konstruktiv zu lösen, ist wichtig, um seine soziale Entwicklung zu fördern. Hier sind einige Tipps, wie Sie Ihrem Kind Strategien zur Konfliktlösung beim Spielen beibringen können:

- Förderung einer offenen Kommunikation:

Die Vermittlung der Bedeutung einer offenen und respektvollen Kommunikation während des Spiels kann der erste Schritt zu einer wirksamen Konfliktlösung sein. Wenn Sie Ihr Kind ermutigen, seine Gedanken und Gefühle klar und ruhig auszudrücken, ohne es zu verurteilen oder zu beschuldigen, können Sie das gegenseitige Verständnis und die Suche nach gemeinsamen Lösungen fördern.

- Identifizieren Sie das Problem:

Ihm dabei zu helfen, die Art des Konflikts zu erkennen und zu verstehen, kann entscheidend sein, um eine Lösung zu finden. Wenn man ihn bittet, das Problem objektiv zu beschreiben und die zugrundeliegenden Ursachen zu benennen, kann dies eine Grundlage für eine wirksame Bearbeitung des Konflikts sein.

- Sondierung von Lösungsmöglichkeiten:

Wenn man ihm beibringt, eine Vielzahl von Möglichkeiten zur Konfliktlösung in Betracht zu ziehen, kann dies seine Fähigkeit fördern, kreative und konstruktive Lösungen zu finden. Wenn man ihn ermutigt, verschiedene Strategien für den Umgang mit dem Problem zu überlegen und die Vor- und Nachteile jeder Option abzuwägen, kann das sein Problemlösungsrepertoire erweitern.

- Wählen Sie eine gemeinsame Lösung:

Ihn zu ermutigen, gemeinsam mit den anderen Mitspielern nach einer Lösung zu suchen, die den Bedürfnissen aller gerecht wird, kann Kooperation und Solidarität fördern. Ihm dabei zu helfen, faire Kompromisse auszuhandeln und eine gemeinsame Basis zu finden, kann die Konfliktlösung zur Zufriedenheit aller Beteiligten fördern.

- Über Erfahrungen nachdenken:

Nach der Beilegung eines Konflikts kann die Reflexion über die Erfahrung eine wertvolle Zeit für das Kind sein, um zu lernen und zu wachsen. Wenn man es bittet, zu bewerten, was gut funktioniert hat und was man hätte anders machen können, kann man ihm helfen, mehr Selbstbewusstsein und Problemlösungsfähigkeiten zu entwickeln.

6. Förderung der Vielfalt im Spiel

Die Erkundung einer Vielzahl von Spielen und Aktivitäten kann es dem Kind mit ADHS ermöglichen, ein breites Spektrum an sozialen Erfahrungen zu machen. Hier sind einige Vorschläge, wie man die Vielfalt im Spiel fördern kann:

- Bieten Sie eine Reihe von Optionen an:

Ein breites Angebot an Spielen und Aktivitäten kann ihm helfen, seine Interessen und Talente zu entdecken. Eine große Auswahl an Spielen, darunter Aktiv-, Strategie- und Kreativspiele, kann seine Neugierde wecken und die Erkundung neuer sozialer Erfahrungen fördern.

- Respektieren Sie individuelle Vorlieben:

Wenn man die individuellen Vorlieben der Kinder respektiert und sie ermutigt, die Spiele zu wählen, die sie am meisten interessieren, kann man ihr Engagement und ihre Motivation beim Spielen steigern. Wenn man ihnen erlaubt, ihren eigenen Interessen und Leidenschaften zu folgen, kann das ihr Selbstwertgefühl und ihr Gefühl der Zufriedenheit beim Spielen stärken.

- Förderung der Integration und des Respekts vor Unterschieden: Wenn man ihm die Bedeutung von Inklusion und Respekt für Unterschiede beibringt, kann dies seine Fähigkeit fördern, positiv mit anderen Spielern zu interagieren. Die Förderung von Toleranz und Akzeptanz unterschiedlicher Perspektiven, Fähigkeiten und Interessen kann ein integratives und respektvolles Spielumfeld für alle Teilnehmer schaffen.

- Erkundung neuer Herausforderungen und Möglichkeiten: Wenn Sie ihn ermutigen, neue Spiele und Herausforderungen auszuprobieren, können Sie sein soziales Wachstum und seine persönliche Entwicklung fördern. Herausforderungen wie das Lösen eines komplexen Rätsels, das Erlernen eines neuen Strategiespiels oder die Teilnahme an einer kreativen Aktivität können ihm neue Möglichkeiten zum Lernen und Wachsen während des Spiels bieten.

- Würdigung der individuellen Unterschiede und Leistungen: Die Anerkennung und Würdigung individueller Unterschiede und Leistungen während des Spiels kann ein Gefühl der Zugehörigkeit und des persönlichen Wertes fördern. Indem man ihn ermutigt, seine Erfahrungen mitzuteilen und die Siege anderer Spieler zu feiern, kann man ein Klima des gegenseitigen Respekts und der Unterstützung während des Spiels fördern.

Aktivitäten - Spiele

In diesem Abschnitt finden Sie nicht weniger als **30 Aktivitäten/Spiele, die Sie** mit Ihrem Kind machen können, nach Alter geordnet:
- 10 für Kinder zwischen 3 und 5 Jahren
- 10 für Kinder zwischen 6 und 9 Jahren
- 10 für Kinder zwischen 10 und 12 Jahren

Hier sind 10 Aktivitäten für Kinder zwischen 3 und 5 Jahren:

1. Sensorische Spiele im Freien
- Benötigte Hilfsmittel: bunte Bälle, Springseile, Plastikreifen
- Ablauf:
- Organisieren Sie eine Reihe von Stationen im Freien mit verschiedenen sensorischen Aktivitäten.
- Drehen Sie Ihr Kind zwischen den verschiedenen Stationen, um seine Aufmerksamkeit und Bewegung zu fördern.

2. Schnitzeljagd mit Bildern
- Benötigte Hilfsmittel: ausgedruckte Bilder von versteckten Objekten, Taschen oder Körbe
- Ablauf:
- Verstecken Sie Bilder von Gegenständen im Haus oder im Freien.
- Stellen Sie eine Liste der zu findenden Bilder und eine Tüte oder einen Korb zum Sammeln der gefundenen Gegenstände bereit.

3. Speicher mit riesigen Bildern
- Benötigte Hilfsmittel: großes Papier, farbige Stifte, Bildduplikate
- Ablauf:
- Zeichnen Sie mehrere Duplikate auf großes Papier.
- Spielen Sie, indem Sie die Karten umdrehen und versuchen, passende Paare zu finden.

4. Sensorische Erkundung mit Sand
- Benötigte Hilfsmittel: Sand, verschiedene Behälter, kleines Spielzeug
- Ablauf:
- Füllen Sie einen Behälter mit Sand und verstecken Sie darin kleine Spielzeuge.
- Das Kind muss im Sand graben, um die Spielzeuge zu finden, was seine Konzentration und Sinneswahrnehmung anregt.

5. Spielplatz im Freien
- Benötigte Hilfsmittel: Schaukeln, Rutschen, Kletterspielzeug, ein Garten
- Ablauf:
- Wenn Sie einen Garten haben, können Sie einen kleinen Spielplatz mit verschiedenen Aktivitäten einrichten, die das Kind frei erkunden und spielen

lassen. Nachdem er sich ausgetobt hat, können Sie ein Spiel entwickeln, das die Spiele auf dem Spielplatz (bei Ihnen oder in der Öffentlichkeit) beinhaltet. Wenn andere Kinder anwesend sind, können Sie z. B. Geschwindigkeitswettbewerbe organisieren. Auf diese Weise kann er Kontakte knüpfen und sich austoben.

6. Fingermalerei
- Benötigte Hilfsmittel: Fingerfarben, Papier, Schutzunterlage
- Ablauf:
  - Stellen Sie Fingerfarben und Papier zum Bemalen bereit.
  - Das Kind kann das Malen mit den Fingern frei erkunden, was die Kreativität und die Konzentration fördert.

7. Bauspiele mit Blöcken
- Benötigte Hilfsmittel: Holz- oder Kunststoffblöcke in verschiedenen Formen und Größen
- Ablauf:
  - Stellen Sie einen Satz Bauklötze bereit und laden Sie ihn ein, frei zu bauen.
  - Durch die Schaffung verschiedener Strukturen werden die Koordination und die Konzentration gefördert. Nach einem anfänglichen Moment des freien Spiels schlagen Sie vor, etwas Bestimmtes zu schaffen (eine Burg, ein Haus usw.).

8. Erschaffe dein eigenes Monster
- Benötigte Hilfsmittel: Papier, Buntstifte, Schere, Aufkleber, verschiedene Dekorationen
- Ablauf:
  - Stellen Sie Papier und Buntstifte bereit, um ein Monster zu zeichnen.
  - Lassen Sie ihn das Monster mit Aufklebern, Dekorationen und anderen Kunstmaterialien verzieren und personalisieren. Anschließend können Sie gemeinsam eine schöne Geschichte erfinden, in der das Monster die Hauptfigur ist.

9. Musik und Bewegung
- Benötigte Hilfsmittel: Musik, freier Raum zum Bewegen
- Ablauf:
  - Legen Sie Musik auf und regen Sie zum Tanzen und zur freien Bewegung an.
  - Diese Aktivität hilft Kindern, ihre Energie auf positive Weise zu kanalisieren und ihre Konzentration durch rhythmische Bewegung zu verbessern.

10. Rollenspiele mit Verkleidungen
- Benötigte Hilfsmittel: Kleidung und Zubehör (z. B. Prinzessinnenkleider, Superheldenkostüme)
- Ablauf:
  - Stellen Sie eine Vielzahl von Kostümen und Verkleidungszubehör zur Verfügung.
  - Lassen Sie sie in Rollenspielen fantastische Charaktere erschaffen und spielen.

Hier sind 10 spezifische Aktivitäten für Kinder zwischen 6 und 9 Jahren:

1. *Baue eine Papierstadt*

Benötigte Hilfsmittel: Buntpapier, Schere, Klebstoff, Buntstifte
Ablauf:
- Schneiden Sie farbiges Papier in verschiedene Formen und Größen, um Gebäude, Straßen und Fahrzeuge zu gestalten.
- Kleben Sie die Gebäude und Straßen auf ein großes Blatt Papier, um eine 2D-Stadt zu erstellen.
- Verwenden Sie Buntstifte, um die Stadt mit Details und Dekorationen zu versehen.

2. *Wissenschaftliches Experiment: Ausbrechender Vulkan*

Benötigte Hilfsmittel: Backpulver, Essig, Papier, Lebensmittelfarbe
Ablauf:
- Bilden Sie einen Papierberg auf einem Tablett.
- Füllen Sie eine Plastikflasche mit einer Mischung aus Backpulver, Essig und Lebensmittelfarbe.
- Gießen Sie die Mischung in den Papierberg, um einen Vulkanausbruch zu simulieren.

3. *Labyrinth-Abenteuer*

Benötigte Hilfsmittel: Karton, Klebeband, Buntstifte
Ablauf:
- Zeichnen Sie mit Buntstiften ein Labyrinth auf ein großes Stück Karton.
- Verwenden Sie Klebeband, um Wände im Labyrinth zu errichten.
- Es lädt dazu ein, durch das Labyrinth zu navigieren und fördert die Konzentration und das räumliche Denken.

4. *Foto-Schatzsuche*

Benötigte Hilfsmittel: Kamera oder Smartphone, Liste der zu fotografierenden Objekte
Ablauf:
- Erstellen Sie eine Liste von Objekten, die Sie im Haus oder im Freien finden und fotografieren möchten.
- Geben Sie jedem Kind eine Kamera oder ein Smartphone.
- Die Kinder müssen die Objekte auf der Liste finden und ein Foto von jedem Objekt machen.

5. *Einen Drachen bauen*

Benötigte Hilfsmittel: Seidenpapier oder Geschenkpapier, Stifte, Faden, Draht Kleber, Schere, Klebeband
Ablauf:
- Schneiden Sie das Papier in die Form eines Drachens und verzieren Sie es mit Farben oder Mustern.

- Kleben Sie die Fäden auf das Papier, um die Struktur des Drachens zu bilden.
- Verbinden Sie den Draht mit der Struktur und fügen Sie einen Schwanz zum Fliegen hinzu.

6. *Ein Bilderbuch erstellen*

Benötigte Hilfsmittel: Papier, Buntstifte, Marker, Schere, Klebstoff
Ablauf:
- Schreiben Sie eine Kurzgeschichte oder eine Fabel.
- Erstellen Sie Zeichnungen zur Illustration der Geschichte auf Papierbögen.
- Kombinieren Sie die Zeichnungen und die Geschichte, um ein selbstgemachtes Bilderbuch zu erstellen.

7. *Wissenschaftliches Spiel: Experiment "Schwimmen oder Sinken*

Benötigte Hilfsmittel: verschiedene Gegenstände aus unterschiedlichen Formen und Materialien, eine Schüssel mit Wasser
Ablauf:
- Bringen Sie eine Reihe von verschiedenen Gegenständen wie Holz, Kunststoff und Metall zusammen.
- Bitten Sie die Kinder zu spekulieren, ob jedes Objekt schwimmt oder sinkt.
- Experimentieren Sie, indem Sie Gegenstände ins Wasser legen und beobachten, was passiert.

8. *Einen Feengarten anlegen*

Benötigte Hilfsmittel: Pflanzentöpfe, Erde, kleine Pflanzen, Steine, Moos, Dekorationsgegenstände
Ablauf:
- Pflanzen Sie kleine Pflanzen in Töpfe, um einen Miniaturgarten zu erschaffen.
- Fügen Sie Moos, Steine und dekorative Gegenstände hinzu, um einen Feengarten zu erschaffen.
- Die Kinder können ihre Kreativität nutzen, um den Garten zu gestalten und zu dekorieren.

9. *Wissenschaftliche Erkundung: Ein Tornado in einer Flasche*

Benötigte Hilfsmittel: zwei durchsichtige Plastikflaschen, Wasser, Lebensmittelfarbe, Klebeband
Ablauf:
- Füllen Sie eine der Flaschen bis zur Hälfte mit Wasser.
- Ein paar Tropfen Lebensmittelfarbe hinzufügen.
- Fügen Sie die beiden Flaschen mit dem Flaschenhals nach unten zusammen und drehe die obere Flasche so, dass ein Miniatur-Tornado entsteht.

10. Rollenspiele: Do-it-yourself-Restaurant
Benötigte Hilfsmittel: Papier, Stifte, Schüsseln, Plastikutensilien, Lebensmittelspielzeug
Ablauf:
- Erstellen Sie eine Speisekarte mit Speiseangeboten für Kinder.
- Kinder können Bestellungen aufnehmen, kochen und Familienmitgliedern oder Freunden Essen servieren.

Diese Aktivität fördert Kreativität, Rollenspiele und soziale Interaktion.

Hier sind 10 spezifische Aktivitäten für Kinder zwischen 10 und 12 Jahren:

1. Wissenschaftliches Experiment: Kristallbildung

Benötigte Hilfsmittel: Backpulver, Salz, heißes Wasser, Gläser, Faden
Ablauf:
- Mischen Sie Backpulver, Salz und heißes Wasser in einem Glas, bis es sich auflöst.
- Hängen Sie einen Faden in die Lösung und lassen Sie ihn nach unten hängen, ohne den Boden zu berühren.
- Lassen Sie das Wasser einige Tage lang verdampfen, bis sich die Kristalle bilden.

2. Strategiespiele: Schachturnier

Benötigte Hilfsmittel: Schachbretter, Schachfiguren
Ablauf:
- Organisieren Sie ein Schachturnier für die Kinder.
- Erstellen Sie eine Tafel mit den Paaren und lassen Sie die Kinder abwechselnd gegeneinander antreten.
- Der Gewinner ist derjenige, der die gegenüberliegende Seite des Brettes erreicht.

3. Wissenschaftliche Erkundung: Erstellen eines Terrariums

Benötigte Hilfsmittel: transparenter Topf, Blumenerde, Steine, Sukkulenten oder Moos, transparenter Kunststoff
Ablauf:
- Füllen Sie den durchsichtigen Topf mit einer Schicht Steine und einer Schicht Blumenerde.
- Pflanzen Sie die Sukkulenten und das Moos in die Blumenerde.
- Decken Sie das Terrarium mit durchsichtigem Plastik ab, um eine feuchte Umgebung zu schaffen.

4. Kreativitätsspiele: Thematischer Malwettbewerb

Benötigte Hilfsmittel: Papier, Buntstifte, Kreide, Filzstifte
Ablauf:
- Wählen Sie ein Thema für den Malwettbewerb.

- Stellen Sie den Kindern Kunstmaterialien zur Verfügung und geben Sie ihnen Zeit, ihre Zeichnungen anzufertigen.
- Prämierung der kreativsten oder repräsentativsten Zeichnungen zum Thema.

5. Konstruktion von Robotern

Benötigte Hilfsmittel: Roboterbaukasten, Batterien, Anleitung
Ablauf:
- Geben Sie den Kindern einen Roboterbaukasten und eine ausführliche Anleitung.
- Leite sie sie beim Zusammenbau des Roboters an, indem Sie die Anweisungen befolgen.
- Nach dem Zusammenbau können die Kinder die Programmierung und die Funktionen des Roboters erkunden.

6. Physikalisches Experiment: Start von Wasserraketen

Benötigtes Hilfsmittel: Plastikflasche, Luftpumpe, Abschussrohr, Wasser, Sicherheitskappe
Ablauf:
- Füllen Sie eine Plastikflasche bis zu einem Drittel mit Wasser.
- Schließen Sie die Flasche über einen Luftschlauch an eine Luftpumpe an.
- Pumpen Sie Luft in die Flasche und lassen Sie sie los, um die Wasserrakete zu starten.

7. Spiele im Freien: Orientierungslauf

Benötigte Hilfsmittel: Karte, Kompass, Zeitmesser
Ablauf:
- Zeichnen Sie eine Karte eines Außenbereichs mit markierten Kontrollpunkten.
- Geben Sie den Kindern einen Kompass und eine Karte und erklären Sie ihnen, wie man die Karte liest und den Kompass benutzt.
- Die Kinder müssen alle Kontrollpunkte in der schnellstmöglichen Reihenfolge finden.

8. Kulinarische Aktivitäten: Kochkurse

Benötigte Hilfsmittel: Rezeptzutaten, Küchenutensilien, gedruckte Rezepte
Ablauf:
- Wählen Sie ein Rezept aus, das Sie gemeinsam zubereiten, z. B. Kekse oder eine Pizza.
- Geben Sie Zutaten und Anweisungen an.
- Lassen Sie das Rezept unter Aufsicht von Erwachsenen zubereiten und kochen.

9. Wissenschaftliches Labor: Experiment zur statischen Elektrizität

Benötigte Hilfsmittel: Luftballon, Haare, Papierstücke, Klebeband
Ablauf:

- Reiben Sie den Ballon an den Haaren, um sie statisch aufzuladen.
- Versuchen Sie, mit dem geladenen Ballon Papierstücke anzuheben oder kleine Metallgegenstände anzuziehen.
- Erforschen Sie weitere Experimente zur statischen Elektrizität mit dem Ballon.

10. Rollenspiel: Improvisationstheater

Benötigte Hilfsmittel: Kostüme, improvisiertes Bühnenbild, Drehbücher (optional)
Ablauf:
- Statten Sie die Kinder mit Kostümen und einem improvisierten Bühnenbild aus.
- Lassen Sie sie eine Geschichte erfinden und sie vor einem Publikum vortragen oder eine Aufführung aufnehmen.
- Diese Aktivität fördert Kreativität, Zusammenarbeit und Selbstvertrauen.

Diese Aktivitäten bieten älteren Kindern die Möglichkeit zum Lernen, zur Kreativität und zum Spaß. Achten Sie darauf, die Aktivitäten an die Interessen und Fähigkeiten der Kinder anzupassen

---

Kapitel 4 - Schaffung eines sicheren und funktionalen Umfelds

Kinder mit ADHS brauchen oft Hilfe, um ihr Zimmer und ihre Umgebung zu organisieren. Wenn man eine Umgebung schafft, in der alles seinen Platz hat und alles an seinem Platz ist, können sich viele Kinder mit ADHS tatsächlich gut entwickeln.

Es ist nicht ungewöhnlich, dass Kinder mit ADHS nicht nur in ihren Zimmern, sondern im ganzen Haus Unordnung hinterlassen. Sie sind nicht trotzig oder rücksichtslos. Sie konzentrieren sich einfach zu sehr auf eine Aufgabe und bemerken das Chaos vielleicht nicht. Wenn man sie bittet, aufzuräumen, sind sie vielleicht überfordert und wissen nicht, wo sie anfangen sollen, oder sie beginnen sofort, verlieren aber schnell die Konzentration, bevor sie fertig sind.

Wenn Sie wie viele Eltern sind, werden Sie wahrscheinlich eher aufräumen, als zu versuchen, Ihr Kind in ein Organisationsprojekt einzubeziehen. Es ist einfach einfacher, nicht wahr? Die Wahrheit ist, dass es für Ihr Kind von großem Nutzen sein kann, wenn es für die Aufrechterhaltung eines gewissen Maßes an Ordnung in seiner Umgebung verantwortlich ist.
Darüber hinaus kann ein sauberes und gut organisiertes Wohnumfeld dazu beitragen, einige der schwierigen Symptome von ADHS zu lindern und das Lernen zu fördern, indem Ablenkungen beseitigt werden und der Stress reduziert wird, der durch den Aufenthalt in einer unordentlichen und unorganisierten Umgebung entsteht.

Was ist zu tun?
Es gibt viele Möglichkeiten, das Lebensumfeld Ihres Kindes zu verändern, um seine Symptome zu lindern und sein Lernen zu fördern. Aber wo soll man anfangen?

> **Gestalten Sie das Kinderzimmer um, um eine entspannende Umgebung zu schaffen.**

Es gibt einige Dinge, die Sie im Haus und insbesondere im Schlafzimmer Ihres Kindes tun können, um die üblichen Dinge zu beseitigen, die bei Kindern mit ADHS Angst auslösen können, und um eine beruhigende Umgebung zu schaffen. Die folgenden Ressourcen bieten Gestaltungstipps für die Schaffung einer ruhigen Umgebung im Schlafzimmer Ihres Kindes, um Stress zu reduzieren und das Lernen von Kindern mit ADHS zu fördern.

- Wählen Sie eine entspannende Farbe.

Die Farbe des Zimmers kann mehr zu Ihrer Stimmung und Ihrem Unruhepegel beitragen, als Sie wahrscheinlich denken. In diesem Artikel werden einige gute Farben für Kinder mit ADHS genannt, wie z. B. warme Erdtöne oder beruhigende Blauschattierungen.

- Minimieren Sie Ablenkungen.

Ein Schlafzimmer mit zu vielen Spielsachen und anderen Gegenständen schafft nur noch mehr Möglichkeiten zur Ablenkung. Konzentrieren Sie sich auf die Dinge, die Ihr Kind am meisten liebt, und entfernen Sie den Rest oder lagern Sie andere Gegenstände in Bereichen, die nicht einsehbar und nicht zu beachten sind. Entdecken Sie nach und nach neue Möglichkeiten und Interessen für Ihr Kind.

- Vermeiden Sie es, einen Schreibtisch im Zimmer Ihres Kindes aufzustellen, und wenn dies nicht möglich ist, sorgen Sie dafür, dass der Schreibtisch vor dem Schlafengehen aufgeräumt wird.

- Beschränken Sie die Elektronik in ihrem Schlafzimmer auf ein Minimum.

Aktivitäten wie Fernsehen und Videospiele, die in demselben Raum stattfinden, in dem Ihr Kind schläft, können sich negativ auf die Schlafqualität auswirken, was wiederum zu erhöhter Unruhe, störendem Verhalten und Konzentrationsschwierigkeiten während des Tages führt.

- Wählen Sie Kunstwerke mit heiteren Bildern für das Kinderzimmer.

Sie sollten die Anzahl der Poster und anderer Kunstwerke im Zimmer Ihres Kindes begrenzen, um die visuelle Ablenkung zu minimieren.

Gedämpfte Blau-, Grün- und Brauntöne sind eine gute Farbwahl für Kinder mit ADHS.

- Behalten Sie das Schlafzimmer Ihres Kindes zum Schlafen.

Kinder mit ADHS haben oft Schwierigkeiten, sich zu entspannen und in der Nacht einzuschlafen. Um die Qualität des Schlafs zu fördern, wird ein kühles, dunkles und ruhiges Schlafzimmer empfohlen, das frei von Ablenkungen wie Spielzeug und elektronischen Geräten ist. Wenn möglich, sollten Sie einen anderen Raum in Ihrer Wohnung für Spielsachen und Freizeitaktivitäten reservieren, während ein Zimmer für den Schlaf reserviert ist.

- Unterteilen Sie das Kinderzimmer oder den Spielraum in Abschnitte oder Zentren.

Sie könnten es mit Möbeln einrichten, die für den jeweiligen Zweck geeignet sind. Zum Beispiel ein Bücherregal und einen kleinen Sessel für den Lesebereich und einen kleinen Tisch und einen Stuhl für den Zeichen-/Spielbereich.

- Bieten Sie reichlich Stauraum, um den Raum effizient zu organisieren.

Ob Sie nun Regale, Schränke, Körbe oder Taschen verwenden, sollte individuell entschieden werden. Stellen Sie sicher, dass es genügend Aufbewahrungsmöglichkeiten gibt, damit alles seinen Platz hat. Kinder mit ADHS können sich leicht überfordert fühlen, wenn sie den Eindruck haben, dass nicht genug Platz für alles vorhanden ist.

Der Rest des Hauses

Wenn Ihr Kind ein aufmerksamer Teenager ist, verbringt es vielleicht nicht die meiste Zeit in seinem Schlafzimmer. Deshalb ist es wichtig, ADHS-freundliche Gestaltungsmöglichkeiten nicht nur für den persönlichen Bereich, sondern auch für den Rest des Hauses in Betracht zu ziehen.

Ein Arbeitstisch, der vor einer weißen Wand steht und von möglichst wenig Ablenkungen umgeben ist, eignet sich hervorragend für die Hausaufgaben eines Kindes mit ADHS.

Ein guter Stuhl, angemessene Beleuchtung und eine angenehme Temperatur schaffen eine funktionale und unterstützende Umgebung für die Erledigung von Aufgaben.

Entwicklung von Systemen und Routinen

Die Schaffung logischer Systeme und Routinen hilft Kindern mit ADHS, sich zu organisieren und zu konzentrieren und den Stress zu verringern, der entsteht, wenn sie etwas nicht finden können, was sie brauchen oder wollen. Eine Strategie, die von Eltern von Kindern mit ADHS häufig genannt wird, besteht darin, Systeme zu entwickeln, die dem Kind helfen, das zu finden, was es braucht.

Zu den Strategien gehört es, sich jeden Tag fünf bis zehn Minuten Zeit zu nehmen, um persönliche Gegenstände in ihr "Zuhause" zurückzubringen, damit das Zimmer - und der Rest des Hauses - aufgeräumt bleibt.

Deutlich beschriftete Schubladen, Regale, Behälter und Tabletts können ihm helfen, zu erkennen, wo er etwas aufbewahren muss.

Eine morgendliche Routine hilft ihm, pünktlich in der Schule zu erscheinen, damit er den ganzen Tag über erfolgreich sein kann.

Experimentieren Sie mit Checklisten und Diagrammen und arbeiten Sie mit den Lehrern zusammen, um diese Systeme in die Schule zu übertragen. Die Zusammenarbeit zwischen Eltern und Lehrern ist für Kinder mit ADHS von entscheidender Bedeutung, um Konsistenz zu gewährleisten und den Eltern zu helfen, den Überblick über die potenziellen Herausforderungen zu behalten, denen ihre Kinder in der Schule gegenüberstehen, und die Möglichkeiten zu erkennen, wie sie die Konzepte zu Hause unterstützen können.

Befolgen Sie einen 30-Tage-Organisationsplan. Oft ist der Prozess, überhaupt erst einmal Ordnung zu schaffen und Routinen und Systeme einzuführen, der größte und überwältigendste Schritt für Eltern und Kinder mit ADHS.

Verantwortung

Wenn sich Ihr Kind darum kümmert, sein Zimmer, seinen Raum und andere Bereiche im Haus sauber und ordentlich zu halten, wird es bald Verantwortungsbewusstsein, Reife und Unabhängigkeit entwickeln.

Listen und Diagramme

Verwenden Sie Listen, Tabellen und Diagramme, um eine Routine zu erstellen. Damit das Kind sie nicht vergisst, sollten Sie mehrere Kopien anfertigen. Ein Exemplar kann z. B. im Schlafzimmer und eines am Kühlschrank aufbewahrt werden. Auf diese Weise werden sie ihm als Erinnerung dienen.

Verwenden Sie Hausaufgabenhefte und Notizbücher. Das Aufschreiben wird ihm helfen, organisiert zu bleiben und die Übersicht über seine Hausaufgaben zu behalten. Helfen Sie ihm, sich daran zu erinnern, die Bücher und Materialien mitzubringen, die er für seine Hausaufgaben braucht. Außerdem vermitteln Sie ihm wichtige organisatorische Fähigkeiten, die es auch in anderen Bereichen seines Lebens anwenden kann.

Experimentieren mit verschiedenen Belohnungssystemen und -strategien

Jedes Kind ist einzigartig und kann sich zu verschiedenen Belohnungssystemen hingezogen fühlen. Deshalb ist es so wichtig, mit verschiedenen Belohnungssystemen zu experimentieren, um herauszufinden, was Ihr Kind am besten motiviert. Versuchen Sie es mit Strategien wie dem Einsatz von Flüssigkeitsuhren für die Hausaufgaben oder das morgendliche Duschen und Anziehen. Lassen Sie Ihr Kind seine Schulsachen selbst aussuchen, oder machen Sie es mit einer Schatzsuche vertraut, um es mit dem Schulplan und dem Schulgebäude vertraut zu machen, bevor die Schule beginnt.

Kapitel 5 - Ernährung und körperliche Aktivität: Wie sie sich auswirken

In diesem Kapitel werden wir sehen, wie sich Ernährung und körperliche Aktivität positiv (oder negativ) auf Kinder mit ADHS auswirken können.

Ernährung

Die Ernährung hilft Kindern mit Aufmerksamkeitsdefizit-Hyperaktivitätsstörung beim Lernen, Verhalten und Wachsen.

In den letzten zehn Jahren hat die Frage, was Kinder mit ADHS essen sollten, an Bedeutung gewonnen.

Eine nährstoffreiche Ernährung kann ein wirksames Mittel sein, um Kindern zu helfen, ihre Lernfähigkeit und Aufmerksamkeit zu verbessern und impulsives Verhalten oder Symptome von Hyperaktivität zu mildern. Mit anderen Worten: Sie kann die ADHS-Symptome verbessern.

ADHS und gesunde Lebensmittel
Eine ausgewogene Ernährung mit nahrhaften, vollwertigen Lebensmitteln, die reich an Proteinen, gesunden Fetten und komplexen Kohlenhydraten sind, ist für jeden gut, auch für Kinder mit ADHS.
Eine Begrenzung des Zuckerzusatzes, der künstlichen Süßungsmittel, der künstlichen Farbstoffe (Lebensmittelfarben) und anderer künstlicher Zusatzstoffe bei Kindern, die empfindlich darauf reagieren, kann ebenfalls gut für sie sein.
Kinder mit ADS und ADHS leiden jedoch häufig unter wählerischem, impulsivem oder unkontrolliertem Essen und sich wiederholenden Essgewohnheiten. Diese Essgewohnheiten helfen ihnen nicht.

Die Ernährung sollte so konsistent wie möglich sein und auf einem geplanten Mahlzeitenplan basieren. Regelmäßige Mahlzeiten und Zwischenmahlzeiten gewährleisten eine angemessene Ernährung während des ganzen Tages, auch wenn das Kind nicht hungrig ist.

In diesem Fall sollten Sie sich an Ihren Hausarzt wenden und sich an einen Spezialisten überweisen lassen, der den für Sie am besten geeigneten Diätplan erstellen kann.

Der regelmäßige Verzehr von Mahlzeiten und Zwischenmahlzeiten kann die Aufmerksamkeit, das Verhalten, das Sättigungsgefühl und das Wachstum verbessern.
Schließlich geht es bei der Ernährung bei ADHS nicht nur um Lebensmittel, sondern auch um positive und ermutigende Interaktionen mit Lebensmitteln.

ADHS-Medikamente und Appetit
Eine gute Ernährung ist nicht immer leicht zu erreichen.
Bei Kindern mit ADHS zum Beispiel kann es viele Hindernisse für eine gesunde Ernährung geben.
So können beispielsweise viele der Medikamente, die zur Behandlung von ADHS eingesetzt werden, den Appetit unterdrücken und damit den Konsum verringern.
Während der Einnahme dieser Arzneimittel kann Ihr Kind wenig oder keinen Appetit haben.
Wenn es keine Medikamente nimmt, kann es einen unersättlichen Appetit haben.
Untersuchungen haben gezeigt, dass einige Medikamente Magenschmerzen oder Übelkeit verursachen, die so lästig sein können, dass die Kinder kein Interesse mehr am Essen haben.

Wählerische Esser, sensorische Probleme und ADHS
Ein weiteres Hindernis für eine gesunde Ernährung ist wählerisches Essen.
Wählerisches Essen kann auf eine sensorische Empfindlichkeit gegenüber Textur, Geruch oder Aussehen zurückzuführen sein,
Oder sie kann auf dem Weg durch ineffiziente Ansätze und Fütterungsfehler erlernt werden.
Wählerisches Essen kann die optimale Ernährung Ihres Kindes verhindern. Natürlich gibt es auch andere Hindernisse, wie z. B. Nahrungsmittelunverträglichkeiten, die eine ausreichende Nahrungsaufnahme beeinträchtigen können.

Wenn sich diese Essgewohnheiten und Sorgen häufen, kann die Ernährung des Kindes zu einer echten Herausforderung und einem Stressfaktor für die Familie werden.
Wenn dies Ihre Realität ist, könnten Sie weitere Hilfe in Anspruch nehmen, z. B. eine Ernährungstherapie.

Wichtige Nährstoffe bei ADHS
Hier sind einige der wichtigsten Nährstoffe bei ADHS:

1. Faser
Kinder mit ADHS neigen zu einem Mangel an Ballaststoffen in ihrer Ernährung.
Dies ist zum Teil auf eine wählerische Ernährung zurückzuführen, die Obst und Gemüse ausschließt.
Nüsse, Samen und Vollkornprodukte wie brauner Reis oder Vollkornnudeln sowie Obst und Gemüse sind eine gute Möglichkeit, den Ballaststoffgehalt in der Ernährung Ihres Kindes zu erhöhen.
Wenn Sie unter Verstopfung leiden, sollten Sie darauf achten, dass in Ihrer täglichen Ernährung ausreichend Ballaststoffe und Flüssigkeit enthalten ist.

2. Mehrfach ungesättigte Fette (Omega-3-Fettsäuren)
Bei Kindern mit ADHS wurde ein niedriger Gehalt an essenziellen Fettsäuren festgestellt.
"Essenziell" bedeutet, dass diese Nährstoffe nicht vom Körper selbst hergestellt werden können.
Diese Fettsäuren müssen von außen zugeführt werden, um den Bedarf zu decken. Mit anderen Worten, sie müssen aus der Nahrung oder aus einer Ergänzung stammen.
Gesunde Fette wie mehrfach ungesättigte Fettsäuren (PUFAs) sind vor allem in pflanzlichen Nahrungsquellen wie Walnüssen, Raps- oder Distelöl sowie in einigen Fischen enthalten.
PUFAs fördern die Blutzirkulation im Gehirn.

- Eicosapentaensäure (EPA)

Eine Art von Fettsäure, die Eicosapentaensäure (EPA), ist dafür bekannt, dass sie die Durchblutung des Gehirns verbessert.

In einigen Untersuchungen hat sich gezeigt, dass EPA die Symptome von ADHS reduziert, z. B. die Aufmerksamkeit verbessert und Hyperaktivität und Impulsivität verringert.
Andere Studien haben wenig Wirkung gezeigt.
Wie bei so vielen Dingen in der Welt der Ernährung brauchen wir mehr Forschung.

Ihm pflanzliche Fette und Fisch anzubieten, wird ihm kaum schaden, und es gibt viele Belege für andere gesundheitliche Vorteile.

- Docosahexaensäure (DHA)

Eine weitere Fettsäure, die Docosahexaensäure (DHA), ist ein wichtiges Element für das Funktionieren der Nervenzellen.
Ein Mangel an DHA in der Ernährung wird mit schlechter Lese- und Schreibfähigkeit in Verbindung gebracht.
Insgesamt zeigt die Forschung, dass eine Supplementierung mit einer Mischung aus EPA und DHA wirksam sein und die Gesamtfunktion bei Kindern mit ADHS optimieren kann.
Höhere Dosierungen von EPA in der Fischölmischung sind vorzuziehen.
Auch hier entwickelt sich die Forschung weiter und ist derzeit nicht schlüssig.

3. Magnesium

Im Allgemeinen hat Magnesium im Körper die Aufgabe, Nerven und Muskeln zu beruhigen, die Durchblutung des Körpers zu fördern und die mit der Nahrung aufgenommenen Kalorien und Nährstoffe zu verarbeiten.
Forscher haben festgestellt, dass eine Ernährung, die reich an magnesiumhaltigen Lebensmitteln ist, Kindern mit ADHS helfen kann, aufmerksamer zu sein, sich zu konzentrieren und besser zu lernen.
Zu den magnesiumhaltigen Lebensmitteln gehören Bohnen, Samen, Vollkornprodukte, Mandeln und Trockenfrüchte.

4. Eisen

Ein Eisenmangel in der Ernährung, insbesondere in den ersten Lebensjahren, wird mit einer schlechten kognitiven Entwicklung in Verbindung gebracht.

Bei Eisenmangel in den frühen Stadien der Gehirnentwicklung (in den ersten 1 000 Tagen und bis zum fünften Lebensjahr) kann das Gehirn nicht seine volle geistige Leistungsfähigkeit erreichen.
Ein Eisenmangel kann weitere weitreichende Folgen haben, wie z. B. ein schwaches Immunsystem, Müdigkeit und Lernschwäche im späteren Leben.
Ein Zeichen für eine zu geringe Eisenaufnahme sind Schlafstörungen und das Syndrom der unruhigen Beine.

Auch wenn die Eisenwerte im unteren Bereich des Normalbereichs liegen, können Kinder Symptome zeigen.

Kinder mit ADHS, insbesondere die anspruchsvolleren, haben ein höheres Risiko für einen Eisenmangel.
Es kann sein, dass sie in ihrer Ernährung keine guten Quellen wie Rindfleisch, Geflügel, Bohnen und dunkles Blattgemüse finden.

5. Zink

Wie Eisen ist auch Zink an der Entwicklung des Gehirns, der Nervenkommunikation, anderen Gehirnaktivitäten, dem Wachstum und der Immunität beteiligt.
Bei Kindern mit ADHS wurde ein niedriger Zinkstatus mit Unaufmerksamkeit in Verbindung gebracht (nicht aber mit Impulsivität oder Hyperaktivität).
Ein niedriger Zinkspiegel wird auch mit schlechtem Wachstum und Appetitlosigkeit in Verbindung gebracht.
Ein Zinkmangel sollte behandelt werden, möglicherweise mit Nahrungsergänzungsmitteln. Leider gibt es keine guten Tests, um die Zinkzufuhr zu messen. Daher kann eine gute Ernährungsbeurteilung Aufschluss darüber geben, ob Ihr Kind genug Zink bekommt.
Sicherlich ist es möglich, dies durch den Verzehr von Lebensmitteln wie Bohnen, Rindfleisch, angereicherten Frühstücksflocken und Milch zu optimieren.

6. Folat

In der typischen westlichen Ernährung und bei manchen Menschen wird Folat nur unzureichend aufgenommen (trotz Folatanreicherung in vielen Getreideprodukten).

Studien haben ergeben, dass Hyperaktivität mit einem niedrigen Folsäurespiegel zusammenhängt. Bei Kindern, die ADHS-Medikamente einnehmen, kann eine ausreichende Folsäurezufuhr den Appetit verbessern.

Der Zusatz von folatreichen Lebensmitteln wird als Teil einer gesunden Ernährung für Kinder mit ADHS empfohlen. Dunkelgrünes Blattgemüse, Erdnüsse, Bohnen, Sonnenblumenkerne, frisches Obst und Fruchtsäfte sind gute Optionen.

Welche Lebensmittel sollte ein Kind mit ADHS meiden?

Es wurde festgestellt, dass bestimmte Lebensmittel das ADHS-Verhalten begünstigen.

Dazu gehören Fastfood-Produkte, rotes Fleisch, verarbeitete Fleischsorten, Chips und ähnliche Snacks, fettreiche Milchprodukte und Softdrinks. Aber Vorsicht: das gilt nicht für alle Kinder mit ADHS.

Wenn Ihr Kind auf diese Lebensmittel empfindlich zu reagieren scheint (d. h. wenn sich sein Verhalten verschlechtert, wenn es sie isst), können Sie sie in geringeren Mengen in den Speiseplan aufnehmen oder ganz weglassen. Aber seien Sie vorsichtig. Wenn Sie einige Lebensmittel aus dem Speiseplan streichen, kann es schwieriger werden, andere Lebensmittel aufzunehmen, die reich an den von ihm benötigten Nährstoffen sind.

Wenn Fast Food und andere verarbeitete Lebensmittel einen festen Platz in der Ernährung Ihres Kindes einnehmen, können Sie diese langsam reduzieren und so weit wie möglich einschränken.

Darüber hinaus reagieren einige Kinder mit ADHS empfindlich auf Lebensmittelzusatzstoffe, einschließlich Lebensmittelfarbstoffe, Konservierungsstoffe wie Mononatriumglutamat, Nitrate und Nitrite sowie künstlichen Zucker (Aspartam).

Studien haben gezeigt, dass etwa 8 % der Kinder mit ADHS empfindlich auf künstliche Lebensmittelfarben reagieren können.

Eine kleine Anzahl von Kindern reagiert empfindlich auf raffinierten Zucker (zugesetzter Zucker). Sie können mehr Aggressionen zeigen, wenn sie ihn konsumieren.
Die Forschung ist sich nicht einig, ob Zucker selbst der Auslöser ist oder ob das Problem der Blutzuckeranstieg und -absturz ist, den ein Kind beim Verzehr von zuckerhaltigen Lebensmitteln erleben kann.
Wenn Ihr Kind empfindlich ist und viel Zucker isst, empfehlen wir, diesen zu reduzieren.

Lebensmittel, die in eine ADHS-Diät für Kinder aufgenommen werden sollten
Die folgenden Lebensmittelgruppen gelten als besonders hilfreich für Kinder mit ADHS.

Bevor diese Lebensmittel in den Speiseplan eines Kindes aufgenommen werden, muss sichergestellt werden, dass das Kind nicht allergisch ist oder eine Unverträglichkeit aufweist.
Außerdem ist es wichtig, dass Sie sich mit Ihrem Arzt in Verbindung setzen und ausschließlich seine Anweisungen befolgen.

1. Eiweiß

Eiweiß ist ein wichtiger Makronährstoff für Kinder mit ADHS. Der Verzehr von Eiweiß ermöglicht es ihrem Körper, Neurotransmitter (chemische Botenstoffe im Gehirn) zu produzieren, die für Konzentration, Aufmerksamkeit und Gelassenheit notwendig sind.
Molkenprotein ist eine Art von Protein, das nachweislich zur Verringerung der Symptome von ADHS beiträgt. Da Molkenprotein von Kühen stammt, könnte es mit Herbiziden oder Pestiziden kontaminiert sein. Aus diesem Grund ist es am besten, nach biologischen Produkten zu suchen. Pflanzliche Proteine sind eine weitere Möglichkeit.

Eiweißhaltige Lebensmittel:
- Eier
- Fisch
- Fleisch wie Geflügel und mageres Rindfleisch
- Erdnüsse
- Bohnen

2. Komplexe Kohlenhydrate

Kohlenhydrate können sich positiv auf ADHS auswirken, indem sie dem Gehirn helfen, Serotonin freizusetzen. Serotonin ist ein Neurotransmitter, der die Stimmung reguliert.

Während alle Kohlenhydrate die Serotoninausschüttung fördern, sind komplexe Kohlenhydrate die beste Wahl. Sie sind reich an Ballaststoffen, weil sie in ihrem natürlichen (oder naturnahen) Zustand belassen werden. Mehr Ballaststoffe verlangsamen die Verdauung, was wiederum die Freisetzung von Serotonin im Körper verlangsamt. Dies kann dazu beitragen, schnelle Hochs und Tiefs zu vermeiden.

Komplexe kohlenhydrathaltige Lebensmittel
- Wurzelgemüse (z. B. Süßkartoffeln und Rote Bete)
- Vollkornprodukte (z. B. brauner Reis und Quinoa)
- Omega-3-Fettsäuren

Omega-3-Fettsäuren sind für die Gesundheit des Gehirns bei allen Menschen wichtig. Menschen mit ADHS, auch Kinder, haben jedoch tendenziell einen niedrigeren Gehalt in ihrem Körper. Eine Erhöhung dieser Werte kann zur Verbesserung der ADHS-Symptome beitragen.

Lebensmittel, die reich an Omega-3-Fettsäuren sind
- Sardinen
- Lachs
- Wolfsbarsch
- Krustentiere (z. B. Austern, Garnelen)
- Pflanzliche Lebensmittel (z. B. Chiasamen, Leinsamen, Walnüsse und Sojabohnen)

3. Raffinierte oder einfache Kohlenhydrate

Raffinierte Kohlenhydrate, auch einfache Kohlenhydrate genannt, sind verarbeitet und daher weniger nahrhaft als ihre natürlichen Gegenstücke. Sie sind oft der Hauptbestandteil von verpackten Snacks für Kinder, wie Chips, Cracker und Fruchtsnacks.

Zucker, ein einfaches Kohlenhydrat, steht in einem negativen Zusammenhang mit ADHS-Symptomen. Einige Studien deuten sogar darauf hin, dass eine der Auswirkungen des Konsums großer Mengen raffinierten Zuckers ein erhöhtes Risiko für die Entwicklung von ADHS ist. Andere raffinierte Kohlenhydrate, wie z. B. Weißmehl, helfen unserem Körper, Serotonin zu produzieren, aber ihnen fehlen die Ballaststoffe, die für eine langsame und gleichmäßige Freisetzung erforderlich sind. Stattdessen bewirken sie einen "Peak and Trough"-Effekt, der sich auch auf den Blutzucker auswirkt.

4. Koffein

Koffein ist in Kaffee, Tee, vielen Softdrinks und Energydrinks enthalten. Da Koffein bei Menschen, die nicht an ADHS leiden, die Konzentration steigern kann, mag es verlockend sein, auch einem Kind mit ADHS Koffein zu geben. Allerdings hat es möglicherweise nicht die gewünschte Wirkung.

Forschungsergebnisse deuten darauf hin, dass ein regelmäßiger hoher Koffeinkonsum über einen längeren Zeitraum mit einer Zunahme der ADHS-Symptome verbunden ist. Diese Studie weist auch darauf hin, dass eine weitere Folge übermäßigen Koffeinkonsums für Menschen mit ADHS ein geringeres Wohlbefinden ist.

Für Kinder kann der Konsum von zu viel Koffein nicht nur gefährlich, sondern auch potenziell giftig sein.

Körperliche Aktivität

Regelmäßige Bewegung spielt eine Schlüsselrolle bei der Förderung verschiedener Bereiche der Gehirngesundheit, unabhängig davon, ob eine Person ADHS hat oder nicht. Untersuchen wir zunächst, wie Bewegung die geistige Gesundheit fördert.

1. Kann das Gedächtnis verbessern

Das Gedächtnis kann im Laufe des Alterungsprozesses nachlassen, was zum Teil auf die veränderte Durchblutung des Gehirns zurückzuführen ist. Mit zunehmendem Alter versteifen unsere großen Arterien und Venen leicht, was zu einer weniger effizienten Blutzirkulation im gesamten Körper, einschließlich des Gehirns, führt.

Eine der wirksamsten Möglichkeiten, der Verengung des Gefäßsystems entgegenzuwirken und dem damit verbundenen Gedächtnisverlust vorzubeugen, ist regelmäßige Bewegung.
Sowohl aerobe (längere Dauer, geringere Intensität) als auch anaerobe (kürzere Dauer, höhere Intensität) Übungen können die Herz-Kreislauf-Funktion verbessern.

2. Kann das Lernen verbessern

Ein Schlüsselfaktor im Lernprozess ist die Plastizität des Gehirns, d. h. die Fähigkeit des Nervensystems, seine Aktivität als Reaktion auf interne oder externe Reize zu verändern.
Die Forschung legt nahe, dass die Plastizität des Gehirns unter anderem durch regelmäßige Bewegung verbessert werden kann.
Genauer gesagt, spielt Bewegung eine entscheidende Rolle dabei, dass wir neue geistige und körperliche Fähigkeiten behalten. Die mit dem Lernen verbundenen Verbesserungen werden durch die Veränderung der Art und Weise erreicht, wie unsere Gehirnzellen miteinander kommunizieren.

3. Kann die Stimmung verbessern

Weitere wichtige Auswirkungen von körperlicher Aktivität auf das Gehirn sind die Verbesserung der Stimmung und die Förderung des Wohlbefindens.
Vielleicht kennen Sie das euphorische Gefühl, das sich nach einem hochintensiven Krafttraining oder einem guten Lauf einstellt und das oft als "Läuferhoch" bezeichnet wird.
Dies ist auf die Freisetzung von Wohlfühl-Chemikalien im Gehirn zurückzuführen, hauptsächlich Endorphine und Endocannabinoide.
Diese Stoffe sind mitverantwortlich für die verbesserte Stimmung nach dem Sport.
Regelmäßige Bewegung kann daher zur Verbesserung der Stimmung beitragen und Depressionen vorbeugen.

4. Kann dazu beitragen, das Auftreten bestimmter Hirnerkrankungen zu verhindern oder zu verzögern

Forschungsergebnisse deuten darauf hin, dass regelmäßige körperliche Betätigung dazu beitragen kann, den Ausbruch bestimmter

Gehirnerkrankungen zu verzögern, ihnen vorzubeugen oder sie vielleicht sogar zu heilen.
So wird beispielsweise körperliche Aktivität mit einem geringeren altersbedingten kognitiven Abbau in Verbindung gebracht und kann dazu beitragen, das Auftreten von Alzheimer und anderen Hirnerkrankungen zu verzögern.

Obwohl die derzeitige Forschung keine genauen Angaben über die Art und Dauer der körperlichen Betätigung macht, lautet die allgemeine Empfehlung der American Heart Association (AHA), wöchentlich 150 Minuten aerobes Training mit mäßiger Intensität durchzuführen, vorzugsweise über die Woche verteilt.
Um die gesundheitlichen Vorteile zu maximieren, wird außerdem empfohlen, zweimal pro Woche ein moderates bis starkes Krafttraining durchzuführen.

Wie Bewegung ADHS beeinflusst
Bewegung gehört zu den besten Behandlungsmethoden für Kinder und Erwachsene mit ADHS.
Obwohl die Vorteile regelmäßiger Bewegung zahlreich sind, hat sie insbesondere bei ADHS viele weitere bemerkenswerte positive Auswirkungen.

Im Folgenden werden die wichtigsten Vorteile von körperlicher Aktivität bei ADHS im Detail erläutert:

- Fördert die Dopaminfreisetzung

Dopamin ist ein Neurotransmitter, der für das Gefühl von Freude und Belohnung verantwortlich ist.
Bei Menschen mit ADHS ist der Dopaminspiegel im Gehirn tendenziell etwas niedriger als in der Allgemeinbevölkerung.
Es wird vermutet, dass dies auf die Art und Weise zurückzuführen ist, wie Dopamin im Gehirn von Menschen mit ADHS verarbeitet wird.
Viele Stimulanzien, die ADHS-Patienten verschrieben werden, sollen den Dopaminspiegel erhöhen, um die Konzentration zu verbessern und die Symptome zu verringern.

Eine weitere zuverlässige Methode zur Erhöhung des Dopaminspiegels im Gehirn ist regelmäßiger Sport.
Daher kann es für ADHS-Betroffene besonders wichtig sein, körperlich aktiv zu bleiben, da dies ähnliche Wirkungen haben kann wie die Einnahme von Stimulanzien.
In einigen Fällen kann dies zu einer Verringerung der Drogenabhängigkeit führen, obwohl es wichtig ist, Ihren Arzt zu konsultieren, bevor Sie Änderungen an Ihrem Behandlungsschema vornehmen.

- Kann die exekutive Funktion verbessern

Exekutive Funktionen sind eine Gruppe von Fähigkeiten, die vom Frontallappen des Gehirns gesteuert werden.

Dazu gehören Aufgaben wie:
- Konzentration
- Zeitmanagement
- Organisieren und Planen
- Multitasking

In einer kürzlich durchgeführten Studie mit 206 Universitätsstudenten wurde ein Zusammenhang zwischen dem Gesamtumfang der täglich ausgeübten körperlichen Betätigung und dem Niveau der exekutiven Funktionen festgestellt.
Bei Kindern und Erwachsenen mit ADHS kann regelmäßiges Training daher eine vielversprechende Behandlungsmethode zur Verbesserung der exekutiven Funktionen sein, die eine der wichtigsten von der Krankheit betroffenen Fähigkeiten darstellen.

Die Forschung legt nahe, dass Bewegung zahlreiche Vorteile für Kinder mit ADHS bietet, darunter:
- weniger aggressives Verhalten
- Verbesserungen bei Angstzuständen und Depressionen
- weniger soziale Probleme

Darüber hinaus ergab eine Studie aus dem Jahr 2015, dass Bewegung die Aufmerksamkeitsspanne einer kleinen Gruppe von Kindern mit der Diagnose ADHS verbessert.

Aus den aktuellen Forschungsergebnissen können wir schließen, dass Bewegung für Kinder mit ADHS enorme Vorteile bietet, insbesondere im Hinblick auf die Verbesserung der Aufmerksamkeitsspanne und den Abbau von Aggressionen.

Die besten Übungen für junge Menschen mit ADHS
Einige Beispiele dafür, wie sich ein Kind 60 Minuten pro Tag körperlich betätigen kann, sind:
- eine Fahrradtour mit der Familie machen
- Basketball, Fußball, Baseball, Tennis, Hockey oder andere Sportarten spielen
- Verstecken spielen mit Freunden
- Seilspringen
- eine Wanderung oder einen Spaziergang mit der Familie unternehmen

Die 60 Minuten körperliche Aktivität können aus einer Kombination verschiedener Aktivitäten während des Tages bestehen.

Hier sind 7 Übungen zur körperlichen Betätigung

1. Folgen Sie "Simons" Anweisungen

Ablauf: Spielen Sie das Spiel "Simon sagt", bei dem das Kind die Anweisungen von "Simon" (das können Sie oder ein anderes Kind sein) befolgen muss. Die Anweisungen können Aktionen wie "dreimal springen", "die Zehen berühren" oder "sich umdrehen" beinhalten. Bei diesem Spiel geht es nicht nur um körperliche Aktivität, sondern auch darum, die Impulskontrolle und die Fähigkeit, Anweisungen zu befolgen, zu trainieren.

2. Balance-Kurs

Ablauf: Erstellen Sie einen Gleichgewichtsparcours mit Kissen, Stöcken, Seilen oder anderen stabilen Gegenständen. Das Kind muss den Parcours durchlaufen, ohne zu stürzen, und dabei auf jedem Element das Gleichgewicht halten. Sie können den Schwierigkeitsgrad erhöhen, indem Sie Kurven, Ecken oder instabile Oberflächen hinzufügen. Diese Übung fördert die Konzentration, die Koordination und die Körperwahrnehmung.

3. Überwindung von Hindernissen

Ablauf: Bauen Sie einen Hindernisparcours mit Kegeln, Reifen, Seilen und anderen Materialien auf. Das Kind muss die Hindernisse überwinden, indem es springt, um sie herumläuft oder andere körperliche Aktivitäten ausführt. Sie können auch Anweisungen wie "zweimal springen" oder "um drei Hütchen herumlaufen" geben, um sein Gehirn zu beschäftigen.

4. Das Ziel treffen

Ablauf: Stellen Sie mehrere Zielscheiben (z. B. Eimer oder Kreise) in verschiedenen Abständen auf. Das Kind muss einen Ball oder einen Beutel in Richtung der Ziele werfen, um sie zu treffen. Sie können den Schwierigkeitsgrad erhöhen, indem Sie Punkte für unterschiedlich große Ziele addieren oder Extrapunkte für genaue Treffer vergeben.

5. Werde wild!

Ablauf: Legen Sie eine energiereiche Musik auf und ermutigen Sie Ihr Kind, frei zu tanzen. Es gibt keine falschen Bewegungen! Lassen Sie es sich selbst ausdrücken, indem es sich nach Belieben bewegt, springt, sich dreht und mit den Armen wedelt. Diese Übung hilft, überschüssige Energie freizusetzen und regt auch die Kreativität an.

6. Erforschen und Anfassen

Ablauf: Legen Sie einen Sinnespfad aus verschiedenen Materialien und Texturen wie Sand, Wasser, Kunstrasen, weichem Teppich usw. an. Das Kind sollte den Pfad entlang gehen oder laufen und dabei jede Oberfläche berühren und erkunden. Dies regt die Sinne an und fördert die Konzentration.

7. Laufen und Anhalten

Ablauf: Legen Sie einen Start- und einen Zielpunkt fest, die in einem bestimmten Abstand voneinander liegen. Das Kind sollte vom Start zum Ziel laufen, dann anhalten und eine bestimmte Übung wie Hampelmänner, Kniebeugen oder Ausfallschritte machen. Nach einer bestimmten Anzahl von Wiederholungen läuft es wieder bis zum Endpunkt. Wiederholen Sie den Vorgang für eine bestimmte Zeit. Diese Art des Intervalltrainings hilft, überschüssige Energie zu verbrennen und die Konzentration zu verbessern.

Kapitel 6 - Ruhe und Entspannungstechniken

Schlafstörungen sind bei Kindern mit Aufmerksamkeitsdefizit-Hyperaktivitätsstörung (ADHS) häufig.
Der Zusammenhang zwischen ADHS-Symptomen und Schlafproblemen kann einen schwierigen Kreislauf für Kinder, ihre Eltern und Betreuer schaffen. Es gibt jedoch viele Strategien, die Kindern mit ADHS helfen können, besser zu schlafen.

Verursacht ADHS bei Kindern Schlafprobleme?
Die meisten Studien zu diesem Thema deuten darauf hin, dass ADHS Schlafprobleme verursachen kann. Untersuchungen aus dem Jahr 2014 legen beispielsweise nahe, dass 50-95 % der Kinder mit neurologischen Entwicklungsstörungen, einschließlich ADHS, Schlafprobleme haben.

Nach diesen Untersuchungen ist die verhaltensbedingte Schlaflosigkeit die häufigste Ursache. Der Begriff bezieht sich auf Schlaflosigkeit, die durch Schlafgewohnheiten und Verhalten verursacht wird, und nicht auf eine zugrunde liegende Krankheit oder Medikamente. Verhaltensbedingte Schlaflosigkeit kann dazu führen, dass Kinder sich dem Schlaf widersetzen, häufig aufwachen oder mehr Hilfe von ihren Bezugspersonen benötigen, um einzuschlafen.

Eine Reihe von Faktoren kann zu Schlaflosigkeit bei Kindern mit ADHS beitragen, darunter:
- Schlafroutine: Gewohnheiten, die den Menschen helfen, regelmäßig gut zu schlafen. Wenn ein Kind nachts oft hyperaktiv ist, kann es schwierig sein, ihm einen guten Schlafroutine beizubringen, z. B. sich vor dem Einschlafen zu entspannen oder regelmäßig zur gleichen Zeit ins Bett zu gehen.
- Müdigkeit der Betreuungsperson: Personen, die tagsüber Kinder mit ADHS betreuen, können sich vor dem Schlafengehen erschöpft fühlen. Dies kann es erschweren, mit

Widerständen umzugehen, eine Routine einzuführen und gesunde Schlafgewohnheiten zu fördern.
- Psychische Erkrankungen: Kinder mit ADHS und Depressionen oder Angstzuständen können aufgrund ihrer psychischen Erkrankung Schwierigkeiten beim Einschlafen oder Durchschlafen haben. Eine wirksame Behandlung dieses Problems kann ihre Schlafprobleme verbessern.
- Andere Krankheiten: Einige Kinder mit ADHS haben andere Krankheiten, die ihre Schlafprobleme verschlimmern.

Wie man Kindern mit ADHS beim Einschlafen hilft
Es gibt viele Möglichkeiten, Kindern mit ADHS das Einschlafen zu erleichtern, z. B. indem man auf die Bedürfnisse des Kindes vor dem Schlafengehen eingeht.
Manchmal wenden Kinder Taktiken an, um das Einschlafen zu verzögern. Dazu kann der Wunsch gehören, auf die Toilette zu gehen oder nach Essen oder einem Glas Wasser zu fragen. Wenn diese Bedürfnisse vor dem Schlafengehen im Rahmen einer Routine angesprochen werden, kann es leichter sein, diese Verzögerungstaktiken zu erkennen und zu unterbinden.

Achten Sie auf folgende Dinge, bevor das Kind zu Bett geht:
- ausreichende Nahrungsaufnahme; koffeinhaltige Produkte wie Schokolade oder Cola vermeiden
- ein Glas Wasser neben das Bett stellen
- Toilettengang erledigen und helfen, zu lernen, nachts selbständig auf die Toilette zu gehen

Verringerung von Ängsten und Abhängigkeit von Pflegekräften
Manche Kinder fühlen sich von ihren Eltern oder Betreuern abhängig, die sie in den Schlaf wiegen. Sie möchten vielleicht, dass jemand, der sich um sie kümmert, sie in den Schlaf wiegt oder neben ihnen liegt. Sie können auch Verzögerungstaktiken anwenden, um die Betreuungsperson länger zu halten.

Sie können sich so verhalten, weil sie Angst vor schlechten Träumen, vor der Dunkelheit oder einfach davor haben, dass ihre Bezugsperson sie verlässt. Dies wird als Trennungsangst bezeichnet. Das ist bei kleinen Kindern normal und kann anhalten, bis das Kind älter wird.

Der Abbau von Ängsten während des Schlafs kann dazu beitragen, dass sich das Kind weniger abhängig von Erwachsenen fühlt.

Hier sind einige Tipps:
- Installation eines Nachtlichts
- geben Sie dem Kind einen Gegenstand, der es tröstet, z. B. ein Stofftier
- Vermittlung von Entspannungstechniken
- Tagsüber über die Sorgen des Kindes sprechen, nicht abends
- das Kind allmählich an die Trennung von den Bezugspersonen gewöhnen

Bei nächtlichen Ängsten oder Phobien, die bei älteren Kindern den Schlaf verhindern, kann es sinnvoll sein, einen Arzt um eine kognitive Verhaltenstherapie zu bitten.

Schaffung einer gesunden Schlafumgebung
Schaffen Sie nach Möglichkeit eine Schlafumgebung, die ruhig und kühl ist. Erlauben Sie Ihrem Kind, Ihnen dabei zu helfen, denn es kann Ihnen sagen, wo es sich wohl und sicher fühlt.

Das kann bedeuten:
- Objekte so verschieben, dass sie keine unheimlichen Schatten werfen
- das Bett an eine andere Stelle im Zimmer stellen
- das Kind sein Bettzeug oder seinen Schlafanzug selbst auswählen lassen

- Dinge entfernen, die sie ablenken, wie tickende Uhren oder Bildschirme
- Beibehaltung einer konsistenten Routine

Eine konsequente Schlafenszeit-Routine kann Kindern helfen, leichter einzuschlafen.

Folgendes ist zu beachten:
- überprüfen, ob die Schlafenszeit des Kindes seinem Alter angemessen ist
- immer den gleichen Schlafrhythmus einhalten, auch an den Wochenenden
- jeden Abend vor dem Zubettgehen dieselben vorhersehbaren Tätigkeiten wie Zähneputzen, Haare kämmen oder Vorlesen einer Gutenachtgeschichte erledigen
- Vermeiden Sie in den Stunden vor dem Schlafengehen übermäßig stimulierende Aktivitäten, wie Fernsehen oder Videospiele

Wenn ein Kind häufig in der Nacht oder am frühen Morgen aufwacht, kann es ihm helfen, aufzustehen und etwas zu tun, was ihn wieder schläfrig fühlen lässt, anstatt schlafunfähig im Bett zu bleiben. Versuchen Sie, ihm einige ruhige Aktivitäten vorzuschlagen, die es allein tun kann, wenn es aufwacht.

Einige Optionen könnten sein:
- Lesen eines Buches
- ein Hörbuch anhören
- entspannende Musik hören

Wann man um Hilfe bitten sollte

Wenn die Schlaflosigkeit eines Kindes schwerwiegend ist, Störungen zu Hause oder in der Schule verursacht oder nicht auf Verhaltensänderungen anspricht, ist es ratsam, mit einem Arzt zu sprechen. Wenn möglich,

sprechen Sie mit einem Kinderarzt, der sich mit ADHS bei Kindern gut auskennt.
Ärzte können den Eltern helfen, den Tagesablauf des Kindes anzupassen. Falls nötig, können sie auch Medikamente verschreiben oder einen Spezialisten hinzuziehen.
Es kann auch nützlich sein, sich einer Gruppe von anderen Betreuern von Kindern mit ADHS anzuschließen, da diese Unterstützung und Beratung bieten können.

Entspannungsmethoden

Yoga ist ein natürlicher Stressabbau, eine Art Meditation in der Praxis. Obwohl viele Erwachsene Yoga nutzen, um ihre körperliche und geistige Gesundheit zu verbessern, ist es auch ein großartiges Ventil für Kinder.
Die Forschung hat gezeigt, dass achtsamkeitsbasierte Behandlungen bei einer Reihe von psychischen und physischen Gesundheitsstörungen bei Erwachsenen wirksam sein können. Es hat sich gezeigt, dass die langsamen, konzentrierten und beruhigenden Aspekte der Achtsamkeitsmeditation bei Kindern mit ADHS, die oft impulsiv, unkonzentriert, hyperaktiv und unruhig sind, ähnliche Ergebnisse zeigen.

Hier sind **4 einfache Spiele zur Bewusstseinsbildung**, die Sie leicht mit Ihren Kindern zu Hause spielen können. Sie können sie sogar selbst ausprobieren: Sie sind für die ganze Familie geeignet!

1. Atemübungen
Wählen Sie zunächst für jeden Teilnehmer ein Lieblingskuscheltier aus. Legen Sie mit Ihrem Kind und anderen Personen (falls vorhanden) auf dem Boden liegend ein Stofftier auf den Bauch jeder Person. Bitten Sie alle, tief und langsam zu atmen, während sie die Bewegungen des Stofftiers beobachten. Sprechen Sie nach einer Weile darüber, was Sie bei dem Tier beobachten. Ihr Kind wird auf natürliche Weise lernen, sich zu beruhigen und hyperaktives Verhalten zu lindern.

2. Sitzende Meditation

Wählen Sie einen Zeitpunkt, vielleicht vor dem Essen oder während der Entspannungszeit vor dem Schlafengehen, und sagen Sie Ihrem Kind, dass Sie ein Entspannungsspiel spielen werden. Holen Sie zwei Stühle oder benutzen Sie das Kinderbett. Bitten Sie Ihr Kind, sich mit den Füßen flach auf den Boden zu setzen, den Rücken gerade zu halten und die Hände auf die Knie zu legen. Sagen Sie mit sanfter, langsamer Stimme etwas wie: "Wähle einen Punkt an der Wand, auf den du dich konzentrieren kannst. Lass deine Füße flach auf dem Boden und deine Hände auf den Knien. Atme tief und langsam ein, halte den Atem an und lass ihn langsam ausströmen. Wenn du spürst, dass sich deine Füße oder Finger bewegen, sag einfach in deinem Kopf: "Es ist in Ordnung, dass sie sich wackelig fühlen, aber im Moment müssen wir ganz still sein". Stell dir vor, du wärst eine Statue und könntest dich nur noch auf deinen Atem konzentrieren. Stell dir vor, deine Hände kleben an deinen Knien. Spüren sie, wie jeder einzelne Finger schwer und fest auf deiner Hose liegt. Alles fühlt sich sehr schwer und still an. Wann immer du dich zittrig fühlst, sag diesem Teil deines Körpers in deinem Kopf, dass es in Ordnung ist, aber du jetzt ganz still sein musst."

Führen Sie es beim ersten Mal nur ein oder zwei Minuten lang durch und verlängern Sie bei jeder weiteren Sitzung um ein oder zwei Minuten. Überschreiten Sie bei der Anzahl der Minuten nicht das Alter Ihres Kindes. (Wenn Ihr Kind also 6 Jahre alt ist, sollten Sie es nicht länger als 6 Minuten ruhig sitzen lassen).

3. Gehmeditation

Bei der buddhistischen Gehmeditation entsteht die Entspannung beim Gehen und es wird versucht, diese aufrechtzuerhalten. In ähnlicher Weise können Sie Ihrem Kind helfen, sich seines Körpers bewusster zu werden, indem Sie drinnen oder draußen gehen. Sagen Sie Ihrem Kind, dass Sie ein Spaziergangsspiel spielen werden. Beginnen Sie gemeinsam zu gehen, ganz langsam, Schritt für Schritt. Oft können Sie während des Gehens Anweisungen geben, die in etwa so lauten: "Mach einen ganz langsamen Schritt nach vorne. Spüre, wie sich dein Knie beugt und wie sich dein Fuß anfühlt, wenn er den Boden berührt. Wenn du das Gefühl hast, schneller oder eine krumme Linie gehen zu wollen, sag einfach in deinem Kopf: "Ich bin es leid, langsam und gerade zu gehen, aber ich werde es weiterhin tun."

Achte darauf, gut und langsam zu atmen. Achte darauf, wie sich dein Körper fühlt, wenn du langsam gehst, nachdem du den ganzen Tag immer schnell unterwegs warst."

Sie können mit Ihrem Kind darüber sprechen, wie es diese Fähigkeit in der Schule auf den Fluren anwenden kann, indem es langsam geht und sich des Gehens bewusster wird.

4. Das Spiel einfrieren

Am Ende des Spiels schalten Sie die Musik ein und fordern Ihr Kind auf, zu tanzen oder im Zimmer herumzutollen. Nach ein paar Minuten rufen Sie: "Stehen bleiben!" Bitten Sie Ihr Kind, stehen zu bleiben und sich nicht zu bewegen. Sagen Sie während der Zeit des Stillhaltens: "Merke, wie sich dein Körper anders anfühlt, wenn du ganz still stehst, nachdem du getanzt hast. Versuche, in der Position, in der du eingefroren bist, ruhig zu bleiben. Achte darauf, ob sich ein Teil deines Körpers bewegen möchte oder müde wird. Anstatt dieses Körperteil zu bewegen, atme tief und langsam und sage dir: 'Es ist in Ordnung, wenn du müde bist oder dich bewegen willst, aber im Moment bleibst du ruhig und still.'" Das Einfrieren dauert etwa eine Minute, dann setzt die Musik wieder ein. Der Prozess beginnt von neuem, und das Einfrieren wird jedes Mal länger.

Für Eltern sind diese Spiele eine angenehme Möglichkeit, sich mit ihren Kindern durch entspannte Meditationsübungen vor dem Schlafengehen, am Nachmittag oder an schulfreien Tagen zu verbinden. Achtsamkeitsmeditation mit Kindern, insbesondere mit Kindern, bei denen ADHS diagnostiziert wurde, kann therapeutisch sein UND Spaß machen - eine großartige Kombination, um das Leben zu Hause mit Ihrem Kind zu genießen.

Kapitel 7 - Kindern beibringen, ihre Gefühle zu erkennen und zu bewältigen

Die Fähigkeit zur Emotionsregulierung (auch als Selbstregulierung bezeichnet) ermöglicht es uns, schwierige Erfahrungen und Gefühle zu verarbeiten, ohne übermäßig aufgelöst zu sein oder die Kontrolle zu verlieren. Bei der Aufmerksamkeitsdefizit-/Hyperaktivitätsstörung (ADHS oder ADD), die die exekutive Funktion beeinträchtigt und somit das effektive Management von Aufmerksamkeit, Zeit und Emotionen beeinträchtigt, kann eine intensive emotionale Reaktivität ebenso destruktiv sein wie fast jedes andere Symptom.

Eltern von Kindern mit ADHS sind mit diesen extremen Gefühlsausbrüchen sehr vertraut: Ausbrüche, Zusammenbrüche und Wutanfälle, die sowohl Eltern als auch Kind erschöpft und vielleicht hilflos zurücklassen. Was sie vielleicht nicht wissen, ist, dass Kindern mit ADHS durch Medikamente, Achtsamkeitstechniken, Bewusstseins- und Verhaltensinterventionen Fähigkeiten zur Emotionsregulierung vermittelt werden können.

Strategie Nr. 1: Gefühle genau benennen
Eine wirksame Gefühlsregulierung hängt von der emotionalen Intelligenz ab: der Fähigkeit, unsere Gefühle allein und in Beziehungen wahrzunehmen, auszudrücken und zu steuern. Alles beginnt damit, dass wir unsere Gefühle wahrnehmen, wenn sie kommen und gehen, was nicht so einfach ist, wie es klingt.

Die Forschung zeigt, dass ein komplexeres emotionales Vokabular unsere emotionalen Erfahrungen nuancierter macht. Wenn Sie nur "Wut" kennen, dann wird jede ähnliche Emotion zu "Zorn". Wenn Sie auf subtilere Weise erkennen, wann Sie sich "gereizt", "ängstlich", "traurig", "frustriert" oder "enttäuscht" fühlen, werden Sie Ihre Erfahrung genauer identifizieren. Ein breiteres emotionales Vokabular kann die Art und Weise beeinflussen, wie wir einen schwierigen Moment interpretieren.

Eine gesunde Vertrautheit mit Emotionen beginnt mit einer Familie, die allen Emotionen gegenüber offen ist. Alle Emotionen gibt es aus einem bestimmten Grund, und es hat wenig Sinn, sie zu ignorieren. Wut zum Beispiel gibt uns in bestimmten Situationen Sicherheit, während Traurigkeit den Menschen um uns herum signalisiert, dass wir Unterstützung brauchen. Emotionale Reife entwickelt sich mit der Zeit. Es ist normal, dass jüngere Kinder Schwierigkeiten haben, damit umzugehen. Lesen Sie Bücher, sprechen Sie über Gefühle und beschreiben Sie Ihrem Kind Ihre Gefühle.

Normalisieren Sie Emotionen, indem Sie sie offen zeigen und den Kindern zeigen, wie sie damit umgehen können. Sie könnten sagen: "Ich bin wütend. Wir reden, wenn ich mich beruhigt habe. Manchmal ist es besser, Gefühle für sich zu behalten. Vielleicht machen Sie sich mehr Sorgen oder sind wütender, als Ihr Kind wissen muss. Aber wenn Sie es können, wird das Zeigen von emotionaler Selbstbeherrschung zu einem Lehrmittel für Kinder.

Natürlich lassen sich mit einer emotional offenen Familie nicht alle Herausforderungen beseitigen. Es ist nicht die Schuld der Eltern, wenn ein Kind Probleme mit seinen Emotionen hat. Das ist oft ein Aspekt von ADHS selbst.

Strategie Nr. 2: Verhaltensinterventionen
Verhaltensinterventionen sind ein arbeitsintensiver, aber bewährter Weg zur Verbesserung der emotionalen Fähigkeiten von Kindern in Schwierigkeiten. Verhaltensprogramme sind ein wichtiges Instrument, um auch das bravste Kind zu erziehen. Einige Programme arbeiten direkt mit den Kindern, während sich andere auf die Schulung der Eltern konzentrieren.

Eine auf das Kind ausgerichtete Therapie, bei der Kinder zunächst lernen, ihre Gefühle zu erkennen und Bewältigungsstrategien zu entwickeln, um mit dem Erlebten umzugehen, kann für alle Menschen mit ADHS sehr wichtig sein. Die Einbeziehung der Eltern ist hilfreich, da die Erwachsenen das verstärken, was ihre Kinder sonst vielleicht vergessen würden zu lernen. Eine auf das Kind ausgerichtete Therapie sollte eine direkte Anleitung zur Bildung neuer praktischer Gewohnheiten bieten, damit die Kinder lernen, mit ihren destruktiven Emotionen umzugehen.

Andererseits ist eine nützliche kurzfristige Strategie zur Bewältigung von Emotionen oft vollständig elternbasiert. Das Behavioural Parenting Training (BPT) spiegelt wider, was wir über die Entwicklung des Gehirns wissen: Kinder lernen in der frühen Kindheit hauptsächlich durch unmittelbares Feedback. Ein zentraler Punkt des BPT-Trainings besteht darin, den Unterschied zwischen unseren Gefühlen und unserem Verhalten zu erkennen. Eltern sollten darauf abzielen, Emotionen zu bestätigen, nicht aber unerwünschtes Verhalten: "Ich sehe, dass du wütend bist, aber es ist niemals in Ordnung, dich zu schlagen." Ein koordinierter Verhaltensplan, der Lob und Belohnung mit festen Grenzen und Konsequenzen ausgleicht, ist für den Umgang mit Emotionen bei Kindern unerlässlich.

Wutanfälle zum Beispiel sind oft nichts anderes als ein Verhalten, das durch einen Grund ausgelöst wird: "Ich will nicht aufhören, mein Videospiel zu spielen." Das macht Sinn. Wir alle werden wütend. Mit einem Verhaltensplan bestätigen wir diese Wut ("Ich sehe, dass du frustriert bist"), verknüpfen sie aber mit einem angemesseneren Verhalten ("Wenn du das Spiel ordnungsgemäß beendest, kannst du morgen 15 Minuten länger spielen"). Die Lektion ist, dass jede Emotion in Ordnung ist, aber bestimmte Handlungen nicht.

Verhaltenspläne sind evidenzbasierte Behandlungen für ADHS. Sie werden jedoch oft frühzeitig aufgegeben, weil sie unter Umständen nur mit großen Anstrengungen und vielen Änderungen funktionieren. Nehmen Sie so lange Änderungen vor, bis Sie eine Strategie gefunden haben, die funktioniert, und wenden Sie sich an eine Fachkraft oder einen Coach, wenn Ihr System unwirksam zu sein scheint.

Strategie Nr. 3: Achtsame Meditation
Achtsamkeit bedeutet, dass wir jeden Augenblick unvoreingenommener wahrnehmen, wie die Dinge im Moment sind, im Guten wie im Schlechten. Die Prämisse ist nicht, dass wir immer ruhig oder glücklich sein werden.

Das Leben ist von Natur aus veränderlich und unsicher, und wir profitieren von den Fähigkeiten, mit dieser Realität umzugehen.

Emotionsregulierung ist einer der bewährtesten Vorteile der Achtsamkeit. Mit der Zeit trainiert sie unser Gehirn wie einen Muskel. Wir legen neue Eigenschaften fest, z. B. dass wir Unbehagen wahrnehmen, ohne sofort zu reagieren. Wir können üben, Emotionen wahrzunehmen, ohne in die gewohnten Muster zu verfallen, die wir alle haben.
Die meisten von uns verbringen viel Zeit damit, abgelenkt, reaktiv und auf Autopilot zu sein. So fühlen wir uns vielleicht überfordert, wenn unser Kind wieder einen Wutanfall hat, und verfallen selbst in gedankenlose Gewohnheiten, wie z. B. nachgeben oder übertriebene Konsequenzen anwenden. Wenn wir uns jedoch bewusst sind, wird unsere Fähigkeit, ruhig zu bleiben, größer, so dass wir unsere Optionen klar sehen und mit einem klareren Ziel handeln können.

Achtsamkeit wird in der Regel durch Meditation geübt: Wir konzentrieren uns auf etwas Neutrales, z. B. unseren Atem oder das Gefühl unserer Füße auf dem Boden, und kehren dorthin zurück, wenn unser geschäftiger Geist abschweift. Bei der nächsten Ablenkung fangen wir wieder an. Auf diese Weise schaffen wir eine neue Gewohnheit des Bewusstseins und die Fähigkeit, mit Emotionen umzugehen.
Für Familien beginnt Achtsamkeit bei den Erwachsenen. Es ist nicht sehr hilfreich, jemand anderem, z. B. unseren Kindern, zu sagen, dass sie Achtsamkeit üben sollen, während wir selbst emotional überreagieren. Es ist auch ein unvermeidlicher Teil des Lebens, dass Ärger und Reaktivität zu mehr Ärger und Reaktivität führen. Leben Sie achtsam und Ihre Kinder werden Achtsamkeit lernen, indem sie Sie beobachten.

Mit der Zeit wird das Bewusstsein instinktiv. Wir bemerken, was in uns vorgeht ("Ich bin so wütend") und schaffen Raum für gesündere Entscheidungen ("Ich werde mich beruhigen, bevor ich weiß, was ich tun soll"). Es überrascht nicht, dass neuere Studien zeigen, dass Kinder mit ADHS, manche bereits im Alter von sieben Jahren, besondere Vorteile beim Umgang mit ihren Emotionen haben.

Die emotionale Komponente von ADHS ist ebenso tiefgreifend wie unterschätzt.

Kinder mit ADHS erleben dieselben Emotionen wie andere Kinder, aber ihre Gefühle sind häufiger, intensiver und länger anhaltend. Da die zugrundeliegenden Gehirnmechanismen, die bei der Bewältigung von Emotionen helfen, durch ADHS beeinträchtigt sind, verzögert sich die Entwicklung der Emotionsregulation. Sie werden schneller von Emotionen erfasst und leichter überwältigt. Die Folge? Große, übertriebene Überreaktionen!

Das emotionale Gehirn
Bei Kindern mit ADHS besteht eine effektivere Methode zur Vermittlung von Selbstregulierungsfähigkeiten darin, sich die Kraft des emotionalen Gehirns zunutze zu machen.

Das emotionale Gehirn ist ungeheuer leistungsfähig. Anders als das kognitive Gehirn ist das emotionale Gehirn unbegrenzt. Emotionen werden stärker, je mehr sie genutzt werden. Emotionen sind stärkere Motivatoren als der Verstand. Das emotionale Gehirn agiert schneller als das kognitive Gehirn. Und Emotionen sind ansteckend (schauen Sie sich ein Kind an, das gerade einen Ausbruch hat, und Sie werden feststellen, dass die Frustration der Eltern schnell zunimmt).

Wenn man sich aufregt, wird das emotionale Gehirn immer die Oberhand über das kognitive Gehirn gewinnen. Und bei Kindern mit ADHS, deren Emotionen automatischer und intensiver sind als bei anderen, übernehmen die Emotionen alle Gedanken und beeinflussen, was als nächstes in jeder Situation geschieht. Oft schlagen sie um sich oder schalten völlig ab. Die Schlussfolgerung ist, dass sie ihr kognitives Gehirn nicht benutzen können, wenn sie aufgeregt sind. Warum also nicht ihr starkes emotionales Gehirn zu unserem Vorteil nutzen?

Wie man das emotionale Gehirn zur Regulierung einsetzt
Wenn es um Emotionsregulierung geht, sind die besten Strategien proaktiv und positiv. Dies ist für Kinder mit ADHS besonders wichtig, weil sie so viel Mühe in ihr Verhalten und ihre Selbstkontrolle investieren. Leider überreagieren sie immer noch und erhalten viel mehr korrigierendes Feedback als andere Kinder, was sehr entmutigend ist.

Da die Verringerung negativer Emotionen eine kognitive Verpflichtung darstellt, ist die Förderung positiver Emotionen ein besserer Ansatz, weil er einfacher zu bewerkstelligen ist und die Wahrscheinlichkeit eines Erfolgs erhöht. Viele der positiven Erziehungsstrategien, die Sie bereits anwenden - Neuheiten, Belohnungen und Aufgaben, die Spaß machen - sind ebenfalls wirksam bei der Förderung positiver Emotionen. Und warum? Weil wir nach Aufgaben suchen, die hilfreiche Emotionen und Wohlbefinden fördern und zu Motivation und Durchhaltevermögen beitragen.

In jeder Situation trägt die proaktive Regulierung positiver Emotionen dazu bei, problematisches Verhalten zu reduzieren (mit dem Vorteil, dass das Selbstwertgefühl und die Zusammenarbeit gestärkt werden).

Hier ist das Zeugnis eines Elternteils, der ein Kind mit ADHS hat:
"Meine Tochter hat sich jeden Morgen mit mir gestritten, weil sie zur Schule gehen musste. Um ihr zu helfen, dieses Hindernis zu überwinden, haben wir ihr emotionales Gehirn angezapft, indem wir ihr Dinge gaben, auf die sie sich in der Schule freuen konnte, anstatt sich Sorgen zu machen. Zu dieser Zeit hatte sie die wichtige Aufgabe, die Fische der Klasse zu füttern, und sie liebte es. Wir sprachen über den Stolz, den sie empfand, weil sie einen so wertvollen Beitrag für die Klasse leisten konnte. Allein diese Verantwortung lenkte sie von den Dingen ab, die schief gehen könnten, und auf die Dinge, für die sie sich begeisterte.
Nachts konzentrierten wir uns auf die Stärkung des kognitiven Gehirns. Bevor sie einschlief, beschäftigten wir uns mit dem Umgang mit Ängsten. Wir sprachen darüber, was zu tun ist, wenn die Angst aufkommt (was hilft, sie vorhersehbar zu machen), und wir untersuchten, wie sie Probleme in verschiedenen Situationen lösen kann, z. B. was sie tun könnte, wenn sie niemanden hat, mit dem sie zu Mittag essen kann, oder wenn ihre Freunde nicht wollen, dass sie ein Spiel spielt, das sie in der Pause spielen möchte.

Drei pro-soziale Emotionen, die die Emotionsregulierung stärken
Die Konzentration auf zukunftsorientierte prosoziale Emotionen ist für Kinder mit ADHS besonders wichtig, da sie von einem Moment zum anderen leben und nicht in der Lage sind, die Konsequenzen ihrer Gefühle

oder ihres Verhaltens im Voraus zu bedenken. Dankbarkeit, Stolz und Mitgefühl sind drei wichtige zukunftsorientierte prosoziale Emotionen, die dazu beitragen, bei Kindern mit ADHS Ausdauer, Kooperation und Empathie zu entwickeln.

Hier finden Sie einige praktische Strategien, um sie aufzubauen:

1. Sechs Wege, um Dankbarkeit zu fühlen

Dankbarkeit kann uns vor emotionalen (Über-)Reaktionen bewahren und zu einer verzögerten Befriedigung führen. Wenn wir dankbar für das sind, was wir haben, hören wir auf, nach dem nächstbesten Ding zu suchen. Hier sind einige Ideen, die Dankbarkeit erzeugen.

1. Seien Sie jeden Tag dankbar. Führen Sie ein vertrautes Ritual ein, z. B. indem Sie jeden Tag die fünf Dinge besprechen, für die Sie dankbar sind, oder darüber sprechen, was Sie heute inspiriert hat.

2. Bereiten Sie ein Gefäß für Dankbarkeit vor. Da Kinder mit ADHS visuell veranlagt sind, kann das tägliche Schreiben von Dankbarkeitsnotizen ihnen helfen, diese Emotion zu "sehen".

3. Ermutigen Sie ihn, Dankesbriefe zu schreiben. Dankbarkeit bedeutet auch, sich an alle wichtigen Menschen in unserem Leben zu erinnern. Ermutigen Sie Ihr Kind, den Menschen, die ihm während der Woche geholfen haben, Dankesbriefe zu schicken.

4. Erstellen Sie einen Baum der Unterstützung. Bitten Sie ihn, einen Baum auf einem Stück Papier oder einer Plakatwand zu schmücken und dann die Namen aller Personen in seinem Leben aufzuschreiben, die ihn unterstützen: Familie, Freunde, Lehrer, Trainer, Jugendbetreuer usw. Hängen Sie den Baum an einer gut sichtbaren Stelle auf, um ihn an alle Menschen zu erinnern, die ihn in seinem Leben unterstützen.

5. Schaffen Sie einen Ring der Gegenseitigkeit. Wenn jemand Hilfe bei etwas braucht, z. B. bei den Hausaufgaben oder einer anderen Tätigkeit, schreiben Sie die "Arbeit" auf einen Post-it-Zettel oder eine Tafel.

Betrachten Sie es als eine Art "Hilfe gesucht"-Anzeige für die Familie. Der Helfer schreibt dann seinen Namen auf das Blatt. Auf diese Weise können die Familienmitglieder sehen, wie sie von den anderen unterstützt werden. Anderen zu helfen gibt uns ein gutes Gefühl. Diese Art der Großzügigkeit fördert die Harmonie in der Familie, indem sie die Kooperation und Zusammenarbeit fördert.

6. Notizen über bemerkte Handlungen schreiben. Das Festhalten und Erkennen von freundlichen Handlungen ist besonders wichtig für Kinder mit ADHS, die im Laufe ihres Tages so viel Kritik einstecken müssen.

2. Drei Wege, um Stolz zu entwickeln

Stolz ist eine weitere zielgerichtete Emotion, die Selbstbeherrschung, Anstrengung und Ausdauer direkt fördert, mehr noch als Motivation, Selbstwirksamkeit, Selbstwertgefühl oder einfach nur Freude. Wenn wir stolz sind, sind wir motiviert, uns mehr anzustrengen. Der Schlüssel zum Aufbau von Stolz sind Verbindung und Beitrag. Kinder müssen das Gefühl haben, dass sie etwas Wertvolles für die Menschen tun, die ihnen wichtig sind.

1. Erlauben Sie Ihrem Kind, ein Experte für etwas zu sein, das es interessiert. Wichtig ist, dass Sie etwas finden, worin Ihr Kind gut ist, und ihm Gelegenheit geben, sein Wissen oder seine Fähigkeiten weiterzugeben. Lassen Sie es auch wichtige Entscheidungen in seinem Fachgebiet mitbestimmen.

2. Geben Sie Ihrem Kind eine wichtige Aufgabe, die es erledigen soll. Achten Sie auf grundlegende Lebenskompetenzen wie das Kochen von Rührei oder das Bügeln eines Baumwoll-Hemdes. Kinder profitieren davon, wenn sie einen wichtigen Beitrag zur Familie leisten - und Sie auch. Selbst wenn sie selbständig arbeiten, werden Kinder länger an schwierigen Aufgaben arbeiten, wenn sie denken, dass sie einen Beitrag zur Gruppe leisten. Vielleicht gibt es eine Aufgabe (z. B. das Aufpumpen der Fahrradreifen), die sie erledigen können, damit die ganze Familie gemeinsam eine Fahrradtour machen kann. Motivieren Sie sie, eine schwierige Aufgabe zu erledigen, indem Sie ihnen fröhliche Musik vorspielen oder sie ermutigen, wenn sie die Aufgabe angehen.

3. Erstellen Sie einen Kompetenzbogen. Listen Sie Dinge auf, die sie gut können oder die andere schätzen, z. B. kleine Kinder trösten oder sehr fürsorglich sein, wenn andere verletzt sind.

3. Fünf Wege, wie Sie Ihrem Kind helfen können, mitfühlend zu handeln

Mitgefühl ist eine grundlegende prosoziale Emotion, die dazu beiträgt, Ängste, Vermeidungsverhalten und Aufschieberitis zu überwinden, und gleichzeitig Empathie und Kooperation fördert.

1. Behandeln Sie Ihre Familie als ein Team. Das beste Mittel zur Förderung des Mitgefühls ist die Ähnlichkeit. Jedes Zeichen kann funktionieren, sogar das Tragen der gleichen Farbe. Aus diesem Grund tragen Sportler das gleiche Trikot. Das verbindet sie als Team. Vielleicht können Sie gemeinsam als Familie einen Gemeinschaftsplatz im Freien säubern. An dem dafür vorgesehenen Samstag tragen Sie speziell für diesen Anlass entworfene T-Shirts. Gemeinsam auf ein Ziel hinzuarbeiten, gemeinsame Interessen zu teilen, die Leistungen des anderen anzuerkennen und andere zu unterstützen, sind alles Möglichkeiten, um Mitgefühl zu fördern.

2. Spielen Sie ein Spiel, bei dem die Unterhaltung mit "Ich habe noch nie..." beginnt. Jeder Spieler fragt der Reihe nach die anderen Spieler nach Dingen, die sie noch nie getan haben. Zum Beispiel: "Ich habe mir noch nie den Arm gebrochen". Wenn sich ein Spieler im Spiel den Arm gebrochen hat, notiert er das Ergebnis auf einem Zettel. Das Spiel wird so lange fortgesetzt, bis jeder eine Chance hatte, seinen Beitrag zu leisten. Diese Art von Erfahrung hilft den Kindern, die vielen Möglichkeiten zu erkennen, wie sie mit anderen in Verbindung stehen.

3. Üben Sie sich in Achtsamkeitsmeditation. Es gibt viele geführte Meditations-Apps, aber es ist einfach, sich Gelegenheiten zu schaffen, um im gegenwärtigen Moment zu leben und Gerüche, Geräusche und Texturen während eines Spaziergangs in der Nachbarschaft wahrzunehmen.

4. Bringen Sie den Kindern bei, sich in Selbstmitgefühl zu üben. Selbstmitgefühl ist für Kinder mit ADHS besonders wichtig, weil sie so viele korrigierende Rückmeldungen erhalten und so viele Schuld- und Schamgefühle haben. Selbstmitgefühl ermöglicht es ihnen, Fehler zu akzeptieren, ebenso wie die Tatsache, dass ADHS bedeuten kann, dass sie bei bestimmten Dingen härter arbeiten müssen als andere. Das Gespräch über neurodiverse Erkrankungen und die Stärken und Herausforderungen jedes Einzelnen ist ein guter Weg, um in der Anfangsphase Selbstmitgefühl zu entwickeln. So wie jemand eine Brille braucht, um so weit sehen zu können wie andere, braucht er oder sie vielleicht eine zusätzliche Abkühlungsphase nach der Pause, bevor er oder sie sich an das Lernen gewöhnen kann. Betonen Sie bei Gesprächen über Stärken und Schwächen auch die positiven Seiten von ADHS, wie z. B. die Energie oder die hohe Kreativität.

5. Lehren etwas über das Gehirn. Es ist auch nützlich, Kindern etwas über ihr Gehirn beizubringen, wie es sich noch entwickelt und wie sie es durch Ernährung, Schlaf und Anpassungsfähigkeit unterstützen können. Wenn Kinder zum Beispiel abgelenkt werden, erkennen sie, dass ihr Gehirn durch das Geräusch im Flur überreizt wurde, und sie können herausfinden, was sie tun müssen, um es wieder auf den richtigen Weg zu bringen (im Gegensatz zur Verinnerlichung "Ich bin dumm").

Experimentieren Sie mit verschiedenen Möglichkeiten, Dankbarkeit, Stolz und Mitgefühl in das Leben Ihres Kindes zu integrieren. Denken Sie daran, dass sich Kinder ständig verändern. Das gilt auch für die Strategien Ihrer Familie zum Aufbau emotionaler Kontrolle durch Positivität. Seien Sie geduldig und denken Sie daran, dass konzentriertes Üben und konstruktives Feedback durch nichts ersetzt werden können.

Kapitel 8 - Wie man einen Tagesablauf schafft und tägliche Aktivitäten erleichtert

Viele Kinder mit Aufmerksamkeitsdefizit-/Hyperaktivitätsstörung (ADHS oder ADD) haben auch Defizite bei den exekutiven Funktionen. Das bedeutet, dass sie Schwierigkeiten haben, Materialien zu organisieren, um Aufgaben oder ein Projekt abzuschließen, zu verstehen, wie lange eine Aufgabe dauern wird, Fristen zu setzen und die Zeit zu verwalten. Die Schaffung einer täglichen Routine in der Schule und zu Hause sorgt für äußere Organisation und gibt Ihrem Kind die Möglichkeit, sich auf eine Aufgabe zu konzentrieren, fokussiert zu bleiben und erfolgreich zu sein.

Passen Sie die Routinen an Ihr Kind an
Ihr Tagesablauf sollte die Persönlichkeit Ihres Kindes, seine familiären Werte und Bedürfnisse widerspiegeln. Wenn Ihr Kind, wenn es von der Schule nach Hause kommt, etwas Freizeit braucht, anstatt sofort mit den Hausaufgaben zu beginnen, beziehen Sie es in Ihren Tagesablauf ein. Wenn es gerne lange Bäder nimmt oder vor dem Einschlafen im Bett liest, beziehen Sie es in Ihren Tagesablauf ein. Berücksichtigen Sie seine Bedürfnisse und seine Persönlichkeit bei der Gestaltung des Tagesablaufs.

Ein Programm für die Wohnung aufstellen
Wenn Sie zu Hause kein Programm oder keine Routine haben, ist es vielleicht einfacher, einen Punkt nach dem anderen hinzuzufügen, anstatt den ganzen Tag zu verplanen. Nehmen Sie sich zunächst 15 Minuten vor dem Schlafengehen Zeit, um die Spielsachen einzusammeln und wegzuräumen. Sobald dies zur Gewohnheit geworden ist, fügen Sie einen weiteren Punkt hinzu.

Strukturierung der Vormittage
Für Kinder mit ADHS ist es oft schwierig, aufzustehen und sich für die Schule fertig zu machen. Schreiben Sie einen morgendlichen Zeitplan, der

mit dem Aufwachen beginnt. Beschreiben Sie jeden Schritt, wie z. B. frühstücken, Medikamente einnehmen, Zähne putzen, Gesicht waschen, sich anziehen, den Rucksack auf Dinge überprüfen, die für den Tag benötigt werden. Tragen Sie alle Schritte in eine Checkliste ein, die Ihr Kind jeden Morgen abarbeiten kann.

Verstärkung der Schulroutinen
Ihr Kind folgt in der Schule einer bestimmten Routine. Von dem Moment an, in dem es in der Schule ankommt, bis zum Verlassen der Schule am Ende des Tages wird von ihm erwartet, dass es weiß, wohin es gehen und was es tun muss. In den ersten Klassen hängen die Lehrer den Stundenplan oft im Klassenzimmer aus. Aber auch ältere Kinder müssen die Routine verstehen. Bitten Sie die Lehrkraft Ihres Kindes um eine Kopie des Stundenplans. Die Wiederholung zu Hause hilft, ihn zu festigen.

Den Tag analysieren
Schreiben Sie alle Aktivitäten auf, die Ihr Kind an einem Tag erledigt. Dazu gehören die Vorbereitung auf die Schule, die Zeit nach der Schule und die Hausaufgaben, die Hausarbeit, die Freizeit, das Abendessen und die Vorbereitung auf das Schlafengehen. Unterteilen Sie jedes Zeitintervall in einzelne Schritte. Möglicherweise gibt es Aktivitäten und andere Konflikte, die Ihren Zeitplan erschweren (Tanzunterricht am Mittwoch und Fußballtraining am Donnerstag), aber versuchen Sie, jeden Tag so einheitlich wie möglich zu gestalten.

Spaß und Bewegung nicht vergessen
So wichtig Routine auch ist, Kinder haben es verdient, Freizeit und Spaß zu haben. Der Zeitplan sollte Zeit für sie vorsehen, um ihre Interessen zu erkunden, draußen zu spielen und Zeit mit Freunden zu verbringen. Studien zeigen, dass Bewegung und körperliche Aktivität die Aufmerksamkeit erhöhen und die Impulsivität verringern. Ihr Tagesplan sollte Zeit für Aktivitäten im Freien oder, an Tagen mit schlechtem Wetter, für aktives Spielen im Haus vorsehen.

Flexibilität aufbauen
Das Leben hält sich nicht immer an den von Ihnen festgelegten Zeitplan. Wenn die Hausaufgabenzeit normalerweise um 16.30 Uhr beginnt und Sie um 16.20 Uhr im Stau stehen - 20 Minuten von Ihrem Haus entfernt -, wird Ihre Routine für den Rest des Tages durcheinander gebracht. Seien Sie darauf vorbereitet, wenn nötig Änderungen vorzunehmen, und nutzen Sie dies als Gelegenheit, Ihrem Kind beizubringen, dass jeder von Zeit zu Zeit flexibel sein muss.

Routinen in Kürze
Sobald Sie eine Routine erstellt haben, bewahren Sie eine Kopie an einem zentralen Ort auf, z. B. in der Küche oder im Wohnzimmer. Für jüngere Kinder wäre es am besten, zusätzlich zum Text, Bilder zu verwenden. Sie, Ihr Partner, die Betreuungspersonen und Ihr Kind können sich darauf beziehen, um sicherzustellen, dass jeder Tag einheitlich ist und sich alle an den Zeitplan halten.

Erstellen einer strukturierten Routine
Ein schriftliches Programm ist großartig, aber bleiben Sie nicht dabei. Nutzen Sie andere Hilfsmittel, um sicherzustellen, dass Ihre Familie die Routine jeden Tag einhält.
- Ein Küchentimer hilft, die Zeit einzuhalten.
- Mit Kalendern auf Smartphones können Sie Erinnerungen einstellen.
- Mit Hilfe von Diagrammen kann man ihn für die Einhaltung des Programms belohnen.

Halten Sie die Routine so einfach wie möglich. Komplizierte Routinen werden oft nach ein paar Wochen aufgegeben.

Überprüfen, Überarbeiten, Optimieren
Ihre Routine sollte beständig sein, aber das bedeutet nicht, dass sie sich nie ändern wird. Die Bedürfnisse Ihres Kindes können sich ändern, eine außerschulische Aktivität kann hinzukommen oder wegfallen, Ihr

Arbeitsplan kann sich ändern, oder Sie haben sich bei der Dauer einer Aktivität, z. B. dem Fertigmachen fürs Bett, verrechnet. Wenn Sie feststellen, dass der Zeitplan nicht funktioniert, sollten Sie ihn einmal im Monat oder früher überprüfen und die notwendigen Änderungen vornehmen, um ihn an die Gegebenheiten anzupassen.

Die Vorteile der Teilnahme Ihres Kindes an einem Programm
Routinen beeinflussen das Leben auf zwei Ebenen positiv. In Bezug auf das Verhalten helfen sie, die Effizienz und das tägliche Funktionieren zu verbessern. Es mag nicht immer offensichtlich sein, aber Kinder wollen und brauchen Routinen. Ein vorhersehbarer Zeitplan bietet eine Struktur, die ihnen hilft, sich sicher und geborgen zu fühlen. Indem man einen solchen Plan aufstellt, sendet man eine Botschaft aus, die besagt: "So machen wir die Dinge." Routinen machen die täglichen Aktivitäten überschaubar und ermöglichen es Ihrem Kind, sich jeweils auf eine Sache zu konzentrieren.

Außerdem profitiert die ganze Familie psychologisch von einem strukturierten Tagesablauf. Sowohl die Eltern als auch die Kinder erleben eine Verringerung des Stresses, wenn es weniger Streit darüber gibt, wann das Abendessen gegessen wird und wo die Hausaufgaben erledigt werden. Das Ergebnis ist ein entspanntes Zuhause, das die Familienbeziehungen stärkt. Die Familienidentität wird durch Routinen gefestigt, bei denen jeder eine Rolle spielt (Anna deckt den Tisch, Brian räumt das Geschirr ab). Die Botschaft: Wir sind eine Familie, die gemeinsam isst; wir sind eine Familie, die gemeinsam liest; wir sind eine Familie, die regelmäßige Zeiten für Schularbeiten und andere laufende Aufgaben plant.

In diesen hektischen Zeiten mag es unmöglich erscheinen, einen strukturierten Lebensstil zu führen. Jeder jongliert mit Terminen: Arbeit, Schule, Freizeit, Musikunterricht, Basketballtraining und so weiter. Doch gerade in diesen Zeiten wird Struktur extrem wichtig. Das Ergebnis: mehr Produktivität für Ihr Kind sowie bessere Gesundheit und familiäre Beziehungen.

Hier finden Sie einige Vorschläge und Beispielroutinen, die Ihnen den Einstieg erleichtern sollen. Natürlich werden Sie diese an das Alter und die Reife Ihres Kindes, an die spezifischen Verhaltensweisen, an denen Sie arbeiten, und an die Persönlichkeit und die Bedürfnisse Ihrer Familie anpassen wollen. Wenn Sie Ihre Routinen entwickeln, denken Sie daran, dass der Erfolg Zeit braucht, manchmal Monate und Jahre. Aber der Nutzen wird ein Leben lang anhalten.

1. Ein guter Morgen beginnt mit dem Programm

Ziel der morgendlichen Routine ist es, dass alle pünktlich fertig werden und das Haus verlassen können. Vorbereitungen, die am Vorabend getroffen werden, wie z. B. ein Bad nehmen, Rucksäcke packen, Kleidung bereitlegen, den Wecker stellen und das Mittagessen zubereiten, sind von grundlegender Bedeutung für die Organisation eines ruhigen morgendlichen Ablaufs.

Da viele Kinder (und Erwachsene) mit ADHS sehr ablenkbar und impulsiv sind, sollten Sie Reize vermeiden, die Aufmerksamkeit erregen und die Routine durcheinander bringen könnten. Zum Beispiel:
- **Lassen Sie den Fernseher am Morgen ausgeschaltet**

Setzen Sie sich nicht an den Computer, um Ihre E-Mails abzurufen. Ignorieren Sie die neue Zeitschrift oder den neuen Katalog bis nach der Schule oder später am Abend.

2. Nachschulische Hausaufgabenhilfe

Es wird oft gesagt, dass das Einzige, was bei Kindern mit ADHS gleich bleibt, ihre Inkonsequenz ist. Dies ist besonders problematisch, wenn es um schulisches Engagement geht. Keine Tätigkeit erfordert mehr Struktur und Beständigkeit als Hausaufgaben, wenn die Fähigkeit des Kindes zur Selbstregulierung in Frage gestellt wird. Es überrascht nicht, dass es häufig zu Auseinandersetzungen zwischen Eltern und Kindern kommt. Eine feste Lernroutine (Zeit, Ort, Methoden) trägt jedoch wesentlich dazu bei, die Häufigkeit und Intensität dieser Auseinandersetzungen zu verringern, wenn nicht sogar ganz zu beseitigen. Die Einführung einer Hausaufgabenroutine verbessert die Produktivität und erhöht die schulischen Leistungen:

- **Anwendung einer einheitlichen Startzeit**

Dies wird Ihrem Kind helfen, die Gewohnheit zu entwickeln, Hausaufgaben zu machen.

- **Bleiben Sie in seiner Nähe**

Viele Kinder mit ADHS können sich besser konzentrieren, wenn ein Erwachsener mit ihnen arbeitet oder in ihrer Nähe ist.

- **Pausen machen**

Ablenkbarkeit, Unruhe, Konzentrationsschwierigkeiten und geringe Frustrationstoleranz - alles typisch für ADHS - sind fast schon eine Garantie für geistige Ermüdung und Langeweile. Häufige kurze Pausen, in denen sich das Kind bewegen kann, können helfen.

- **Viel Spaß danach**

Er ist eher bereit, sich mit den Hausaufgaben zu beschäftigen, wenn er weiß, dass eine lustige Aktivität folgt, wie Spielen oder Fernsehen.

3. Ein kohärentes Abendprogramm

Seit Hunderten von Jahren haben Familienmitglieder am Esstisch enge Beziehungen geknüpft. Im Zeitalter des Internets und der Fernsehfilme auf Abruf ist das Essensritual immer noch nützlich, wenn nicht sogar entscheidend. Obwohl die meisten Mahlzeiten nur etwa 20 Minuten dauern (weniger Zeit als eine TV-Sitcom), können in dieser kurzen Zeit viele gute Dinge passieren. Idealerweise sollte die Mahlzeit eine angenehme, gesellige Zeit sein, in der Arbeit, Schule oder Familienprobleme keine Rolle spielen. Die Zubereitung einer Familienmahlzeit erfordert Zeit und Arbeit, und es kann mühsam sein, alle zur gleichen Zeit zusammenzubringen, aber Sie werden feststellen, dass die Vorteile die Mühe wert sind.

Hilfe bei der Organisation von ADHS: ein Beispielprogramm

6:50 Kind wecken

7:00 Kitzeln Sie Ihr Kind aus dem Bett. (Ein wenig fröhliche Energie kann es schnell aufwecken und in Bewegung bringen).

7:05 Seien Sie vorbereitet: Machen Sie eine Liste und bitten Sie Ihr Kind, sich daran zu halten:
- Gesicht waschen
- Haare kämmen
- Anziehen (Die Kleidung wird am Vorabend vorbereitet.) Überprüfen Sie, wie es ihm geht, aber lassen Sie ihn die Liste befolgen und es selbst tun.

7:20 Frühstückszeit: Bieten Sie zwei gesunde, aber ansprechende Alternativen an.

7:45 Putzen Sie gemeinsam die Zähne. Mit ihm zusammen zu sein, kann die Sache beschleunigen und für gute Hygiene sorgen.

7:55 Jacke, Socken und Schuhe anziehen

8:00 Zur Schule laufen

Beispiel für eine Hausaufgabenroutine

15:00 Essen und kurze Entspannung nach der Schule

15:30 Bringen Sie Ihr Kind an seinen gewohnten Platz für die Hausaufgaben; stellen Sie sicher, dass alle Hilfsmittel vorhanden sind (Stifte, Papier, Taschenrechner, Nachschlagewerke usw.).

15:35 - 16:30 Ihr Kind macht seine Hausaufgaben; bleiben Sie in der Nähe, um Fragen zu beantworten und die Pausen zu überwachen (Dehnen, Baden, ein Glas Wasser trinken).

16:35 Kontrollieren Sie seine Arbeit und prüfen Sie in aller Ruhe alles, was er bearbeiten soll (aber tun Sie es nicht für ihn). Loben Sie ihn ausdrücklich für gute Arbeit.

Muster für das Abendessen

19:00 Die Eltern beginnen mit der Zubereitung des Essens. Organisieren Sie die Zubereitung, um Verzögerungen bei den Mahlzeiten zu vermeiden.

19:15 Das Kind deckt den Tisch. Weisen Sie ihm bestimmte Aufgaben zu, um ihm ein Gefühl für Verantwortung zu vermitteln.

19:30 Das Kind schenkt die Getränke ein.

19:45 Die Eltern bringen das Essen an den Tisch und das Abendessen wird serviert. Um während des Essens zu sprechen, versuchen Sie Folgendes: Bitten Sie jede Person, eine gute Sache über ihren Tag zu erzählen.
20:15 Das Kind räumt den Tisch ab. Die Eltern räumen den Geschirrspüler ein.

Beispiel für eine Schlafenszeitroutine
20:50 Lassen Sie Ihr Kind in der Wanne entspannen. Sie können ihm ein Buch vorlesen oder er kann es selbst lesen. Neben der Sauberkeit kann ein Bad Ihrem Kind helfen, sich am Ende des Tages zu entspannen.
21:00 Dreiteilige Routine: Sich abtrocknen, Zähne putzen und auf die Toilette gehen.
21:15 Er zieht seinen Pyjama an und legt sich ins Bett.
21:20 Gemeinsam lesen
21:30 Sprechen Sie ein wenig über den Tag, beglückwünschen Sie Ihr Kind zu den Dingen, die er gut gemacht hat und wünschen ihm dann eine gute Nacht.

Kapitel 9 - Lernen, effektiv mit dem Kind zu kommunizieren

Die Kommunikation mit einem Kind, das an ADHS leidet, ist für Eltern eine Herausforderung. Viele Eltern finden es frustrierend, ihr Kind zu zwingen, ruhiger zu werden, aufzupassen und Anweisungen zu befolgen. Das Problem wird noch verschärft, wenn die Eltern selbst an ADHS leiden.

Tipps zur Kommunikation
Da es wichtig ist, mit unseren Kindern besser zu kommunizieren, sollten Eltern und Lehrer diese Strategien ausprobieren.

- Geben Sie klare und spezifische Anweisungen.

Versuchen Sie, die Aktivitäten in ein oder zwei Schritte aufzuteilen, damit sie nicht überwältigend wirken.

- Lassen Sie dem Kind die Wahl.

Stellen Sie Fragen, anstatt Erklärungen abzugeben. Dies zwingt das Kind dazu, innezuhalten und über Alternativen nachzudenken.
Setzen Sie interessante Zeitvorgaben und machen Sie es zu einer Herausforderung. Zu sagen: "Wir gehen in fünf Minuten", macht keinen Sinn. Fragen Sie Ihr Kind stattdessen: "Meinst du, wir können einen Rekord aufstellen, indem wir alle Lego-Steine in dreieinhalb Minuten einsammeln?" Eltern sollten auch leise sprechen und gelegentlich flüstern. Helfen Sie Ihrem Kind zu lernen, besser zuzuhören.

Anstatt ihn zu bitten, den Blickkontakt aufrechtzuerhalten, lassen Sie ihn sich bewegen und/oder etwas in den Händen halten (z. B. strukturierte Gegenstände oder Zappeln), während Sie sprechen. Dadurch werden die Aufmerksamkeit und die Merkfähigkeit effektiv gesteigert.

Manchmal reden wir zu viele unwichtige Dinge wodurch die Kinder nicht mehr zuhören. Stattdessen isolieren sie uns. Visuelle und auditive

Erinnerungen werden empfohlen, damit sich das Kind auf die Aufgabe konzentriert.

Wie man während eines Ausbruchs kommuniziert
Viele Eltern sind sich nicht sicher, wie sie mit den Ausbrüchen umgehen sollen, die auftreten können, wenn ein Kind extrem frustriert ist. Eltern werden ermutigt, Wutausbrüche als eine Gelegenheit zu sehen, persönliche Integrität zu zeigen. Je eher Sie Ihrem Kind zeigen, dass es Sie mit seinen Wutanfällen nicht kontrollieren kann, desto eher wird es damit aufhören.
Der effektivste Weg, ein emotionales Kind zu beruhigen, ist, ruhig zu bleiben. Wenn Ihr Kind einen Nervenzusammenbruch hat, müssen Sie der ruhige Fels in seinem Leben sein. Egal wie sehr seine Welt außer Kontrolle gerät, Sie müssen ihm zeigen, dass Sie, der Erwachsene in seinem Leben, die Kontrolle haben und dass alles in Ordnung ist. Und er muss erkennen, dass Sie emotional so stark sind, dass selbst die wildesten Wutanfälle Sie nicht aus der Ruhe bringen können.

Wenn wir nachgeben oder versuchen, unsere Kinder zu verderben, lernen sie, dass sie sich nicht auf uns verlassen können. Sie lernen, dass wir durch Schreien und Weinen manipuliert oder in Verlegenheit gebracht werden können. Das führt zu noch mehr Unsicherheit und Instabilität.

Bei Kindern mit ADHS herrscht in ihrem Inneren ein großes Chaos, deshalb brauchen sie draußen Ordnung und Struktur.
Wenn Ihr Kind also die Beherrschung verliert, versuchen Sie zunächst, sich zu beherrschen und ruhig zu bleiben. Weil Ihr Kind emotional geworden ist, ist es irrational. Und es ist unmöglich, mit einer irrationalen Person zu argumentieren.

Sie müssen versuchen, Kinder in Ihre Ruhe zu locken: Setzen Sie sich hin und fangen Sie an, mit Buntstiften zu malen, lesen Sie eine Zeitschrift, gießen Sie Ihre Pflanzen, kochen Sie. Laden Sie ihn zu Ihrer Ruhe ein. Das wird ihn zunächst erschrecken, denn er ist es gewohnt, Sie wütend zu sehen. Was Sie ihm jedoch vermitteln, ist (1) dass Sie mich nicht kontrollieren oder manipulieren können und (2) dass ich ein Fels in der Brandung bin, auf den Sie sich verlassen können, ganz gleich, wie außer Kontrolle Sie sich auch fühlen mögen.

Die Eltern können dem Kind dann in aller Ruhe mitteilen, dass sie für es da sind, wenn das Schreien und die Aufregung aufhören.
Sie könnten sagen: "Wenn du bereit bist zu reden, bin ich ganz Ohr. Aber ich kann nicht hören, was du mir zurufst, und deine Launen werden dir nicht das bringen, was du willst."

Verbesserung der täglichen Kommunikation

In diesem Abschnitt gehen wir auf die wichtigsten Schritte zur Verbesserung der täglichen Kommunikation ein.

Schritt 1: Minimierung von Ablenkungen
Kinder mit ADHS haben Schwierigkeiten, sich zu konzentrieren. Sie lassen sich leicht von anderen Dingen in ihrer Umgebung ablenken. Sie können die Kommunikation verbessern, indem Sie so viele Ablenkungen wie möglich ausschalten.
Wenn Sie mit einem Kind mit ADHS sprechen, stellen Sie sicher, dass der Fernseher und die Stereoanlage ausgeschaltet sind. Stellen Sie das Telefon auf lautlos und versuchen Sie nicht, sich gleichzeitig mit anderen Personen zu unterhalten.
Starke Gerüche können ebenfalls ablenkend wirken. Vermeiden Sie die Verwendung von starken Parfüms oder duftenden Lufterfrischern.
Auch Lichteffekte können Probleme verursachen. Ersetzen Sie flackernde Lampen oder Kronleuchter, die Schatten oder ungewöhnliche Lichtmuster erzeugen.

Schritt 2: Warten Sie auf seine Aufmerksamkeit
Warten Sie, bis Sie die Aufmerksamkeit des Kindes haben. Fangen Sie erst an zu sprechen, wenn das Kind sich auf Sie konzentriert hat. Wenn Sie nicht

die volle Aufmerksamkeit des Kindes haben, ist die Wahrscheinlichkeit groß, dass Sie es wiederholen müssen.
Warten Sie oder bitten Sie das Kind, Augenkontakt mit Ihnen aufzunehmen, bevor Sie zu sprechen beginnen.

Schritt 3: Die Dinge einfach halten
Versuchen Sie im Allgemeinen, weniger zu sprechen und kurze Sätze zu verwenden. Ein Kind mit ADHS kann dem, was Sie sagen, nur eine bestimmte Zeit lang folgen. Sie sollten sich effizient und sachlich ausdrücken.
Seien Sie beim Sprechen so konkret und präzise wie möglich.

Schritt 4: Fördern Sie Sport und Bewegung
Kindern mit ADHS geht es oft besser, wenn sie sich viel bewegen. Wenn sie unruhig sind, kann Bewegung ihnen helfen, sich zu konzentrieren und die Unterbrechungen zu minimieren.
Manche Menschen finden es nützlich, in Situationen, in denen sie sitzen bleiben müssen, einen Stressball zu quetschen.
Wenn Sie wissen, dass er eine Zeit lang relativ still sitzen muss, ist es eine gute Idee, ihn vorher ein paar Runden drehen oder sich bewegen zu lassen.

Schritt 5: Seien Sie beruhigend
Viele Kinder mit ADHS leiden unter einem geringen Selbstwertgefühl. Herausforderungen, die ihre Altersgenossen mit Leichtigkeit meistern, können für sie ein Kampf sein. Das kann dazu führen, dass sie sich dumm oder inkompetent fühlen. Sie können helfen, indem Sie ihnen Mut machen. Für Kinder ist es schwierig, sich für klug zu halten, wenn ihre Freunde und Geschwister sie in der Schule übertreffen. Dies kann zu einem Mangel an Selbstvertrauen führen.
Eltern sollten ihre Kinder mit besonderen Bedürfnissen ermutigen, sich Ziele zu setzen und ihnen beibringen, wie sie diese erreichen können.

Anweisungen erteilen und Aufgaben zuweisen
In diesem Abschnitt wird Schritt für Schritt erläutert, wie Sie Anweisungen geben und Aufgaben zuweisen können.

Schritt 1: Gliedern Sie sie in Schritte
Sie können Aufgaben vereinfachen, indem Sie sie in kleinere Schritte unterteilen.

Kinder, die unter ADHS leiden, haben manchmal Schwierigkeiten, Informationen in ihrem Kopf zu organisieren. Indem Sie eine Aufgabe für sie aufschlüsseln, helfen Sie ihnen, die notwendigen Schritte zu organisieren.

Wenn Ihr Kind zum Beispiel für das Einräumen des Geschirrspülers zuständig ist, könnten Sie die Aufgabe folgendermaßen aufteilen: Räume zuerst das gesamte Geschirr in den unteren Bereich, dann alle Gläser oben, dann das Besteck... und so weiter.

Schritt 2: Bitten Sie das Kind zu wiederholen, was Sie gesagt haben
Auf diese Weise können sie überprüfen, ob sie die Aufgabe verstanden haben, und sie können sie bei Bedarf klären. Es kann auch dazu beitragen, die Aufgabe im Gedächtnis des Kindes zu verankern.

Nachdem er Ihnen die Aufgabe wiederholt hat, wiederholen Sie sie noch einmal, damit er sie sich wirklich einprägt.

Schritt 3: Mahnungen aussprechen
Es gibt verschiedene Arten von Erinnerungshilfen, die Sie einem Kind mit ADHS geben können, damit es fokussiert und konzentriert bei der Sache bleibt. Vor allem visuelle Erinnerungen können sehr hilfreich sein.

Für Reinigungsarbeiten können Sie ein System mit farblich gekennzeichneten Behältern oder Regalen erstellen. Etiketten und Bilder können dem Kind auch helfen, sich zu merken, was wohin gehört.

Eine Checkliste, eine Agenda, ein Kalender oder eine Hausaufgabentafel können auch für Kinder mit Konzentrationsproblemen hilfreich sein.

Versuchen Sie, in der Schule einen "Hausaufgaben-Kumpel" zu organisieren, der das Kind an die Hausaufgaben erinnert, die es zu erledigen hat.

Schritt 4: Hilfe bei Zeitproblemen
Junge Menschen haben im Allgemeinen kein sehr genaues Zeitgefühl. Um ihnen zu helfen, können Sie zum Beispiel einen Küchentimer einstellen. Geben Sie dem Kind zu verstehen, dass Sie möchten, dass die Tätigkeit beendet ist, bevor das Signal ertönt. Oder hören Sie Musik, die dem Kind vertraut ist. Sagen Sie ihm, dass die Tätigkeit beendet sein soll, bevor die Musik oder ein bestimmtes Lied zu Ende ist. Wenn Sie nur Hinweise auf die Uhrzeit geben, werden Sie es verwirren.

Schritt 5: Loben Sie jeden Schritt
Loben Sie ihn, wenn er jeden Schritt der Aufgabe erledigt hat. Dies wird ihm helfen, sein Selbstwertgefühl und seine Erfolgserlebnisse zu steigern. Wenn jeder Schritt gelobt wird, erhöhen sich auch die Chancen für zukünftige Erfolge.

Schritt 6: Es soll Spaß machen
Wenn die Hausarbeit Spaß macht, kann das helfen, den Stress zu verringern, den Sie empfinden, wenn Sie eine neue Aufgabe übernehmen. Hier sind einige Ideen:
- Anweisungen mit ruhiger Stimme geben.
- Versuchen Sie es mit Rollenspielen. Tun Sie so, als wären Sie eine Figur aus einem Buch, einem Film oder einer Fernsehsendung, und/oder laden Sie Ihr Kind dazu ein, dies zu tun. Zum Beispiel könnte sich Ihre Tochter am Tag der Hausarbeit als Aschenputtel verkleiden und dabei Musik aus dem Film hören.
- Wenn das Kind anfängt, gestresst zu werden, führen Sie die nächste Aufgabe mit Spaß aus oder geben Sie ihm eine alberne Bewegung oder ein Geräusch vor, das es während der Arbeit machen soll. Auf diese Weise kann es Spaß haben. Scheuen Sie

sich nicht, eine Pause für einen Snack einzulegen, wenn es zu schwierig wird.

Hier sind **drei Übungen,** die Sie mit Ihrem ADHS-Kind durchführen können, um effektiv mit ihm zu kommunizieren:

1. Spiel der Gefühle:
- Ablauf: Bereiten Sie einen Satz Karten mit verschiedenen Gesichtsausdrücken vor, die Emotionen wie Glück, Traurigkeit, Ärger, Angst, Überraschung usw. darstellen. Zeigen Sie ihm jeweils eine Karte und bitten Sie ihn, die dargestellte Emotion zu identifizieren und zu beschreiben, warum er sich so fühlt. Diese Übung hilft ihm, seine Gefühle zu erkennen und auszudrücken, was eine effektivere Kommunikation ermöglicht.

2. Geschichten mit Bildern:
- Ablauf: Wählen Sie gemeinsam eine Reihe von Bildern oder Zeichnungen aus, die Alltagssituationen oder Gefühle darstellen. Verwenden Sie diese Bilder, um gemeinsam Geschichten zu erfinden, indem Sie die Bilder abwechselnd auswählen und in eine bestimmte Reihenfolge bringen. Ermutigen Sie die Kinder, während der Erstellung der Geschichten über ihre Gedanken und Gefühle im Zusammenhang mit den ausgewählten Bildern zu sprechen. Diese Übung fördert die verbale Kommunikation und das Verständnis für Gefühle.

3. Rollenspiel:
- Ablauf: Spielen Sie gemeinsam verschiedene Rollen, z. B. Eltern und Kind, Lehrer und Schüler, Arzt und Patient usw. Verwenden Sie realistische Szenarien, die im täglichen Leben vorkommen könnten. Während des Rollenspiels haben die Kinder die Möglichkeit, ihre Bedürfnisse, Sorgen und Gefühle zu äußern, während sie die zugewiesene Rolle spielen. Diese Übung fördert das gegenseitige Verständnis und hilft ihm/ihr, sich gehört und verstanden zu fühlen.

Kapitel 10 - Die Familie bei der Behandlung von ADHS

Ist es in der Geschichte der Kindererziehung jemals vorgekommen, dass der unerwünschte Rat oder das unsympathische Urteil eines Familienmitglieds einem Kind oder einer Betreuungsperson das Leben erleichtert hat? Nein. Für viele von uns machen grassierende Missverständnisse, die Angst, beurteilt zu werden, Gereiztheit und sogar unausgesprochene Missbilligung die Zeit, die wir mit manchen Verwandten verbringen, stressig und frustrierend. Und erbitterte Familienstreitigkeiten über ADHS sind in der Regel das Letzte, was Sie oder Ihr Kind ertragen möchte. Doch jetzt stehen Sie wieder einmal vor dieser Möglichkeit.

Für viele Familien ist ein Kontaktabbruch keine praktikable Lösung. Wenn Sie mit scharfen Kommentaren und wenig hilfreichen Rückmeldungen von einigen Familienmitgliedern rechnen, finden Sie hier einige Strategien, die Ihnen helfen können, damit sich Ihr Kind ermutigt und nicht von Familienmitgliedern schikaniert fühlt.

Obwohl keine Familie der anderen gleicht, treten diese Probleme, Gefühle und Sorgen häufig auf, wenn man es mit Angehörigen zu tun hat, die die Idee, von ADHS "betroffen" zu sein, nicht unterstützen und die Krankheit nicht verstehen:

- Missverständnisse und Fehlinterpretationen

Familienmitglieder können die ADHS-Symptome und -Eigenschaften Ihres Kindes, wie Hyperaktivität, als Fehlverhalten und schlechtes Benehmen wahrnehmen. Sie verstehen vielleicht nicht (oder weigern sich zu akzeptieren), dass es sich dabei um Merkmale von ADHS, einer neurologischen Störung, handelt.

- Verurteilung und Peinlichkeit

Es kann sein, dass Sie bei einem Familientreffen direkt oder indirekt für sein Verhalten verantwortlich gemacht werden, was den Stress nur weiter anheizt, wenn Ihr Kind eine besonders schwierige Zeit durchmacht.

- Scham

Die Herausforderung des familiären Umfelds und das Urteil von Verwandten kann Ihnen das Gefühl geben, dass Ihr Kind fehlerhaft ist. Es kann auch anfangen, sich zu schämen - eine häufige Erfahrung für Menschen mit ADHS.

- Schuldgefühle

Verwandte könnten Ihnen ein schlechtes Gewissen einreden, wie Sie Ihr Kind erziehen, aber Sie könnten auch sich selbst die Schuld geben, weil Sie es nicht geschafft haben, es zu kontrollieren.

- Verhaltensdysregulierung

Wutausbrüche und Wutanfälle sind nie lustig, vor allem, wenn sie sich bei Familientreffen einschleichen und Sie missbilligende Blicke auf sich ziehen.

- Emotionale Dysregulation und Angstzustände

Negative Erfahrungen mit Verwandten können es schwierig machen, an Familienereignisse zu denken, ohne sich überfordert oder hoffnungslos zu fühlen.

- Leugnung und magisches Denken

Die Annahme, dass sich Familienprobleme von selbst lösen, funktioniert selten und führt oft zu Frustration.

Organisation von Familienmitgliedern

Wie sollten Eltern reagieren, wenn eine oder mehrere dieser Herausforderungen ein Treffen oder einen Familienmoment unterbrechen? Und wie können wir unsere Familienbeziehungen stärken, wenn es um ADHS geht?

1. Aufklärung der Familie über ADHS

Vermitteln Sie sachliche Informationen. Betonen Sie, dass ADHS eine neurologische Erkrankung ist, die das Funktionieren beeinträchtigt. Obwohl es Behandlungen gibt, die helfen, die Symptome und Verhaltensauffälligkeiten in den Griff zu bekommen, kann ADHS nicht durch reine Willenskraft, körperliche Züchtigung oder einen bestimmten Erziehungsstil überwunden werden. Erklären Sie anhand konkreter Beispiele, wie sich die Krankheit bei Ihrem Kind äußert (z. B. hat es Schwierigkeiten, während der Mahlzeiten still zu sitzen). Es kann hilfreich sein, eine Informationsbroschüre zu verteilen und Ihre Familie auf andere maßgebliche Quellen zu verweisen.

Beteiligen Sie sich an produktiven Diskussionen. Bleiben Sie positiv, wenn Sie mit Ihren Verwandten über ADHS sprechen. Sagen Sie: "Onkel, ich weiß, dass es für dich frustrierend ist, wenn meine Tochter wegschaut, während du mit ihr sprichst, aber dieses Verhalten ist auf ihr ADHS zurückzuführen. Ihre Gedanken schweifen ab. Bitte erinnere sie sanft daran, bei dir zu bleiben. So sieht ADHS bei manchen Menschen aus."

Betonen Sie die Bedeutung von Unterstützung. Erinnern Sie Ihre Familie daran, dass negative Reaktionen Ihrem Kind selten helfen, vor allem nicht inmitten eines Wutausbruchs oder Wutanfalls. Unterstützung ist sehr hilfreich, um Situationen zu entschärfen und den Familien zu helfen, sich willkommen und geschätzt zu fühlen.

2. Konflikte und störendes Verhalten entschärfen

Konzentrieren Sie sich auf Ihr Ziel. Denken Sie daran, dass Sie mit Ihrer Familie gut auskommen wollen. Wenn die Wogen hochgehen, bleiben Sie ruhig und sprechen Sie mit neutraler Stimme. Sagen Sie: "Dies ist unser Familienessen. Können wir das Thema wechseln oder den Reset-Knopf drücken? Atmen Sie tief durch.

Finden Sie Verbündete. Verbünden Sie sich mit Familienmitgliedern, die Sie unterstützen und Ihnen in schwierigen Familiensituationen helfen können. Sie können Ihrem Kind helfen, sich zu beruhigen, wenn es eine schwierige Zeit durchmacht.

Stellen Sie sich der Zukunft. Wenn Sie wissen, dass Sie mit einer schwierigen Situation konfrontiert werden, bereiten Sie Hilfsmittel und Strategien im Voraus vor. Wenn die Autofahrt zur Großmutter zum Beispiel drei Stunden dauert, sollten Sie Pausen einlegen, Snacks und Spielzeug mitnehmen und andere Möglichkeiten finden, um alle ruhig zu halten. Rufen Sie die Großmutter im Voraus an und lassen Sie sie wissen, dass Ihre Kinder (und Sie) eine Pause brauchen, wenn Sie ankommen.

3. Selbstverteidigung üben

Finden Sie geeignete Zeitpunkte, um die Initiative zu ergreifen und den Familienmitgliedern Ihre Bedenken mitzuteilen. Besprechen Sie behutsam, wie Sie am besten mit schwierigen Situationen umgehen. Sie können sagen: "Tantchen, hast du einen Moment Zeit, um zu reden? Ich möchte, dass du weißt, dass mein Sohn sich schlecht fühlt, wenn du ihn verurteilst, und ich fühle mich dann auch schlecht. Mein Sohn hat ADHS und er tut sein Bestes. Es wäre vielleicht hilfreicher, das Verhalten zu ignorieren oder es mit mir unter vier Augen zu besprechen.

Arbeiten Sie mit, indem Sie einladen, statt zu fordern. Versuchen Sie, Ihre Familienmitglieder dort abzuholen, wo sie sind. Sagen Sie: "Onkel, ich weiß, du magst ein ruhiges Abendessen bei Tisch, aber meine Kinder sind ziemlich laut. Das liegt nicht an meinem Erziehungsstil, sondern daran, dass sie einfach sehr lebhaft sind. Was würde helfen? Können die Kinder zuerst von ihren Plätzen aufstehen? Können sich alle Kinder woanders hinsetzen?"

4. Entwicklung des Selbstbewusstseins

Üben Sie sich in Achtsamkeit. Achten Sie auf Ihre Gedanken und Gefühle, besonders in schwierigen Familiensituationen. Das Anerkennen Ihrer Gefühle kann Ihnen helfen, sich nicht von der Situation überwältigen zu lassen und angemessene und produktive Reaktionsmöglichkeiten zu finden. Üben Sie Selbstfürsorge. Kümmern Sie sich um Ihre körperliche, geistige und emotionale Gesundheit: Dies sind Schlüsselfaktoren für die Widerstandsfähigkeit gegenüber Stressfaktoren im Leben (wie familiäre

Probleme). Bei ADHS kann dies bedeuten, dass Sie und Ihr Kind einen Therapeuten aufsuchen.

5. Nehmen Sie Interaktionen nicht zu persönlich

Das ist leichter gesagt als getan, aber je mehr Sie sich darin üben (zusammen mit der Achtsamkeit), desto eher werden Sie erkennen, dass die Reaktionen eines Familienmitglieds mehr mit ihm oder ihr zu tun haben als mit Ihnen oder Ihrem Kind. Mit diesem Bewusstsein fällt es Ihnen leichter, passiv-aggressive Kommentare, genervte Blicke, Seufzer und andere Reaktionen von Familienmitgliedern zu ignorieren. Sinn für Humor ist ebenfalls hilfreich.

Hier ist **eine Übung**, die allen Familienmitgliedern helfen kann, die Situation zu verstehen.

- **Simulation von Alltagssituationen:**

Vorgehen: Organisieren Sie eine Reihe von Simulationen alltäglicher Situationen, in denen das Kind mit ADHS auf Schwierigkeiten stoßen könnte, z. B. Hausaufgaben erledigen, sich morgens für die Schule fertig machen oder an einer Familienaktivität teilnehmen. Bitten Sie die Familienmitglieder, in die Rolle des Kindes zu schlüpfen und die Herausforderungen zu erleben, denen es begegnen könnte. Diskutieren Sie anschließend gemeinsam Strategien und Veränderungen in der Umgebung, die dem Kind diese Situationen erleichtern könnten. Diese Übung wird den Familienmitgliedern helfen, Einfühlungsvermögen und Verständnis für die Schwierigkeiten des Kindes mit ADHS zu entwickeln, und sie ermutigen, nach praktischen Lösungen und gegenseitiger Unterstützung zu suchen.

Buch 3: ADHS im Schulalter
Kapitel 1 - ADHS in der Schule

Viele Kinder mit Aufmerksamkeitsdefizit-/Hyperaktivitätsstörung (ADHS) haben Schwierigkeiten in der Schule. Die Schule kann persönlich, zu Hause oder durch virtuellen Unterricht stattfinden. Verschiedene Schultypen haben unterschiedliche Regeln und die Eingewöhnung in neue Umgebungen kann für Kinder mit ADHS schwierig sein.

ADHS und Schule
Kinder mit ADHS können auf ihrem Weg zum Erfolg auf mehr Hindernisse stoßen als der durchschnittliche Schüler.
Die meisten erhalten einige schulische Leistungen. Dabei kann es sich um sonderpädagogische Leistungen handeln, wie z. B. Einzel- oder Kleingruppenunterricht mit einem Sonderpädagogen, oder um Anpassungen, wie z. B. eine Änderung der Art und Weise, wie Hausaufgaben und Tests durchgeführt werden, zusätzliche Hilfe beim Erinnern und Organisieren von Arbeiten und häufige Kommunikation. Gemeinsam können Lehrer und Eltern Kindern mit ADHS helfen, in der Schule erfolgreich zu sein.

Ein sich veränderndes schulisches Umfeld
Die Schule kann für viele Kinder mit ADHS eine Herausforderung darstellen. Zu den Symptomen gehören Schwierigkeiten bei der Aufmerksamkeitssteuerung, Hyperaktivität und Impulsivität, die sich auf die Planung, Organisation und das Verhaltensmanagement auswirken können. Hier sind einige der Herausforderungen, denen Kinder in verschiedenen Lernumgebungen begegnen können:

- Körperliche Aktivität und Bewegung sind für jeden wichtig, besonders aber für Kinder mit ADHS. Zeit für Bewegung zu finden, kann für Kinder, die mit Hyperaktivität zu kämpfen haben, besonders wichtig sein.

- Umgang mit Momenten der Langeweile. Die Lehrkräfte müssen möglicherweise neue Wege finden, um Langeweile zu vermeiden und die Schüler am Lernen zu beteiligen.
- Es ist wahrscheinlicher, dass sie Schwierigkeiten mit sozialen Beziehungen haben als ihre Altersgenossen. Wenn das schulische Umfeld weniger Möglichkeiten bietet, tagsüber frei zu interagieren, müssen die Kinder möglicherweise andere Wege finden, um soziale Fähigkeiten zu üben und Beziehungen aufzubauen.
- Übergänge können für Kinder mit ADHS schwierig sein. Sie brauchen möglicherweise zusätzliche Hilfe bei der Vorbereitung und mehr Zeit, um sich an die neue Umgebung zu gewöhnen.
- Wenn Schularbeiten, Hausaufgaben und Familienaktivitäten in demselben Raum erledigt werden müssen, in dem auch die Eltern arbeiten, kann dies zu zusätzlichem Stress für Schüler und Eltern führen.

Wahrscheinlich haben sie neben ADHS noch andere Störungen, was es noch schwieriger machen kann, mit dem Stress, den Veränderungen und der sozialen Isolation, die mit dem virtuellen Lernen verbunden sind, fertig zu werden. Sie brauchen möglicherweise zusätzliche Unterstützung.

Mit den Veränderungen in der Schulverwaltung besteht auch die Möglichkeit, dass Kinder mit besonderen Bedürfnissen nicht die Leistungen erhalten, die sie benötigen.

Einige Kinder mit ADHS können jedoch positiv auf bestimmte Veränderungen reagieren. So kann virtuelles Lernen weniger Ablenkungen für Kinder bieten, denen es schwerer fällt, andere Menschen um sich herum auszuschließen. Strukturiertere Klassenräume mit mehr Abstand zwischen den Schülern könnten einigen Kindern helfen, sich zu konzentrieren. Mit weniger Aktivitäten in ihrem Tagesablauf haben sie vielleicht mehr Zeit zum Schlafen.

Ihn auf den akademischen Erfolg vorbereiten

Das schulische Umfeld kann für Kinder mit Aufmerksamkeitsdefizit-/Hyperaktivitätsstörung (ADHS oder ADD) eine Herausforderung sein.

Gerade die Dinge, die diese Schüler am schwierigsten finden - sitzen, ruhig zuhören, sich konzentrieren - müssen sie den ganzen Tag über aushalten. Am frustrierendsten ist vielleicht, dass die meisten von ihnen lernen und sich verhalten wollen wie ihre nicht betroffenen Mitschüler. Neurologische Defizite, nicht Widerwillen, hindern sie daran, auf herkömmliche Weise zu lernen.

Als Eltern können Sie Ihrem Kind helfen, mit diesen Defiziten umzugehen und die Herausforderungen der Schule zu meistern. Sie können mit ihm zusammenarbeiten, um praktische Lernstrategien innerhalb und außerhalb des Klassenzimmers umzusetzen und mit den Lehrern darüber zu sprechen, wie es am besten lernt. Mit ständiger Unterstützung können die folgenden Strategien dazu beitragen, dass Ihr Kind Spaß am Lernen hat, mit den schulischen Herausforderungen zurechtkommt und in der Schule und darüber hinaus erfolgreich ist.

Tipps für die Zusammenarbeit mit Lehrern
Denken Sie daran, dass der Lehrer Ihres Kindes die Fähigkeit dazu hat: Er oder sie muss nicht nur eine Gruppe von Kindern mit unterschiedlichen Persönlichkeiten und Vorlieben betreuen, sondern kann auch damit rechnen, dass er oder sie mindestens einen Schüler mit ADHS hat. Die Lehrer können ihr Bestes tun, um Ihrem Kind mit ADHS beim Lernen zu helfen, aber die Beteiligung der Eltern kann den Unterricht erheblich verbessern. Sie haben es in der Hand, die Erfolgschancen Ihres Kindes zu optimieren, indem Sie die im Unterricht unternommenen Schritte unterstützen. Wenn Sie mit dem Lehrer Ihres Kindes zusammenarbeiten und ihn unterstützen können, haben Sie direkten Einfluss auf die Erfahrungen Ihres Kindes mit ADHS in der Schule.

Es gibt verschiedene Möglichkeiten, wie Sie mit den Lehrern zusammenarbeiten können, um Ihr Kind in der Schule auf den richtigen Weg zu bringen. Gemeinsam können Sie ihm helfen, sich im Klassenzimmer zurechtzufinden und die Herausforderungen des Schulalltags effektiv zu meistern. Damit Ihr Kind in der Klasse erfolgreich sein kann, ist es wichtig, dass Sie den Erwachsenen in der Schule seine Bedürfnisse mitteilen. Ebenso wichtig ist es, dass Sie sich anhören, was Lehrer und andere Schulvertreter zu sagen haben.

Sie können dafür sorgen, dass die Kommunikation mit der Schule konstruktiv und produktiv ist. Versuchen Sie sich vor Augen zu halten, dass Ihr gemeinsames Ziel darin besteht, herauszufinden, wie Sie ihm helfen können, in der Schule erfolgreich zu sein. Ob Sie nun telefonieren, eine E-Mail schreiben oder sich persönlich treffen, bemühen Sie sich, ruhig, konkret und vor allem positiv zu sein: Eine gute Einstellung kann bei der Kommunikation mit der Schule viel bewirken.

Versuchen Sie folgendes:
- Planung im Voraus

Sie können schon vor Beginn des Schuljahres ein Gespräch mit Schulberatern oder Lehrern vereinbaren. Wenn das Jahr begonnen hat, sollten Sie mindestens einmal im Monat mit einem Lehrer oder Berater sprechen.

- Abhalten von Sitzungen

Vereinbaren Sie einen Zeitplan, der sowohl Ihnen als auch dem Lehrer passt, und halten Sie sich daran. Wenn es sich anbietet, treffen Sie ihn im Klassenzimmer, damit Sie sich ein Bild von seiner Lernumgebung machen können.

- Gemeinsam Ziele schaffen

Besprechen Sie Ihre Hoffnungen auf akademischen Erfolg. Schreiben Sie gemeinsam konkrete und realistische Ziele auf und sprechen Sie darüber, wie Sie ihm helfen können, sie zu erreichen.

- Genau zuhören

Der Lehrer möchte wie Sie, dass er in der Schule Erfolg hat. Hören Sie zu, was er zu sagen hat, auch wenn es manchmal schwer zu verstehen ist. Die Herausforderungen in der Schule zu verstehen, ist der Schlüssel, um Lösungen zu finden, die funktionieren.

- Austausch von Informationen

Sie kennen die Geschichte Ihres Kindes, und der Lehrer sieht es jeden Tag: Gemeinsam verfügen Sie über viele Informationen, die zu einem besseren

Verständnis seiner Schwierigkeiten führen können. Teilen Sie Ihre Beobachtungen offen mit und ermutigen Sie die Lehrer, das Gleiche zu tun.

Erarbeitung und Anwendung eines Verhaltensplans
Kinder mit ADS/ADHS sind in der Lage, sich im Klassenzimmer angemessen zu verhalten, aber sie brauchen eine klare Struktur und Erwartungen, um ihre Symptome unter Kontrolle zu halten. Als Elternteil können Sie dazu beitragen, indem Sie einen Verhaltensplan für Ihr Kind entwickeln und sich daran halten. Für welche Art von Verhaltensplan Sie sich auch entscheiden, erstellen Sie ihn in enger Zusammenarbeit mit dem Kind und seinem Lehrer.

Kinder mit ADHS reagieren besser auf spezifische Ziele und tägliche positive Bestärkung sowie auf nützliche Belohnungen. Ja, es kann sehr schwierig werden, Ihr Kind zu motivieren, sich im Unterricht besser zu verhalten. Erstellen Sie einen Plan, der kleine Belohnungen für kleine Erfolge und größere Belohnungen für größere Leistungen vorsieht.

Entwicklung eines individuellen Bildungsprogramms (IEP)
Erkundigen Sie sich bei der Schule, ob es möglich ist, ein spezielles Bildungsprogramm für das Kind zu erstellen. In vielen Ländern gibt es Schutzgesetze, die bestimmte Parameter festlegen. Informieren Sie sich gut, bevor Sie einen solchen Antrag stellen. Es ist sehr wichtig zu wissen, was Sie bekommen können.

Einige Staaten bieten Bildungsprogramme mit folgenden Merkmalen an:
- Zusätzliche Zeit für Quiz und Tests
- Aufgaben, die auf seinen Lernstil zugeschnitten sind
- Verlegung in ein Klassenzimmer mit weniger Ablenkungen

Als Elternteil können Sie ihn an einen IEP verweisen. Um dafür in Frage zu kommen, muss er sich jedoch möglicherweise einer Beurteilung unterziehen, die eine Überprüfung seiner Leistung bei Aufgaben im Unterricht und eine Beobachtung seines Verhaltens umfasst. Ein Team von Fachleuten, zu dem auch Lehrkräfte und Gesundheitsfachkräfte gehören können, wird die Beurteilung durchführen und dann gemeinsam mit Ihnen einen Plan entwickeln.

Tipps für den Umgang mit ADHS-Symptomen in der Schule

Als Eltern können Sie dazu beitragen, eine oder alle dieser Verhaltensweisen zu reduzieren. Es ist wichtig zu verstehen, wie sich ADHS auf das Verhalten der verschiedenen Kinder auswirkt, damit Sie die geeigneten Strategien zur Bewältigung des Problems wählen können. Es gibt mehrere recht einfache Ansätze, die Sie und die Lehrkraft ergreifen können, um die Symptome von ADHS am besten in den Griff zu bekommen und Ihr Kind auf den Weg zum schulischen Erfolg zu bringen.

Die folgenden Vorschläge richten sich an Lehrer und das schulische Umfeld. Versuchen Sie, sie mit dem Lehrer Ihres Kindes zu teilen, um weitere Hinweise zu erhalten.
Sie sind natürlich auch geeignet, wenn er zu Hause unterrichtet wird und Sie sich um seine Ausbildung kümmern müssen.

Umgang mit Unaufmerksamkeit
Schüler mit ADHS lassen sich so leicht durch Geräusche, Passanten oder ihre eigenen Gedanken ablenken, dass sie im Unterricht oft wichtige Informationen verlieren. Sie haben Schwierigkeiten, sich auf Aufgaben zu konzentrieren, die eine längere geistige Anstrengung erfordern. Sie scheinen zwar zuzuhören, aber irgendetwas behindert ihre Fähigkeit, Informationen zu behalten.

Um Kindern zu helfen, die sich leicht ablenken lassen, ist es wichtig, sie körperlich zu positionieren, sich mehr zu bewegen und lange Arbeitsphasen in kürzere Abschnitte zu unterteilen.

Halten Sie das Kind mit ADHS von Türen und Fenstern fern. Setzen Sie die Haustiere in einen anderen Raum oder in eine Ecke, während der Schüler arbeitet.
Wechseln Sie sitzende Tätigkeiten mit solchen ab, bei denen das Kind seinen Körper im Raum bewegen kann. Wann immer möglich, sollten Sie körperliche Bewegung in den Unterricht einbauen.

Schreiben Sie wichtige Informationen so auf, dass er/sie sie leicht lesen und nachschlagen kann. Erinnern Sie den Schüler daran, wo die Informationen zu finden sind.
Teilen Sie größere Aufgaben in kleinere auf und geben Sie den Kindern häufige Pausen.

Reduzierung von Unterbrechungen
Kinder mit ADHS haben möglicherweise Schwierigkeiten, ihre Impulse zu kontrollieren, so dass sie oft außer der Reihe sprechen. Im Unterricht oder zu Hause schreien sie oder geben Kommentare ab, während andere reden. Ihre Ausbrüche können aggressiv oder sogar unhöflich wirken, was auch zu sozialen Problemen führen kann. Das Selbstwertgefühl ist oft sehr schwach, so dass es nicht hilfreich ist, dieses Problem in der Klasse oder vor Familienmitgliedern zu betonen, sondern es sogar noch verschlimmern kann.

Unterbrechungen sollten vorsichtig korrigiert werden, um das Selbstvertrauen des Kindes zu erhalten, insbesondere vor anderen. Diskrete Gesten oder vorher vereinbarte Worte können verwendet werden, um das Kind wissen zu lassen, dass es unterbricht. Loben Sie das Kind für Gespräche ohne Unterbrechungen.

Umgang mit Impulsivität
Zu den Methoden zur Bewältigung der Impulsivität gehören Verhaltenspläne, sofortige Disziplinierung bei Verstößen und ein Plan, der Kindern mit ADHS ein Gefühl der Kontrolle über ihren Tag vermittelt.

Stellen Sie sicher, dass ein schriftlicher Verhaltensplan in der Nähe des Schülers liegt.
Ziehen Sie sofort Konsequenzen, wenn das Kind sich daneben benommen hat. Erklären Sie es genau und stellen Sie sicher, dass das Kind weiß, wie es sich falsch verhalten hat.
Erkennen Sie gutes Verhalten laut an. Loben Sie gezielt und stellen Sie sicher, dass das Kind weiß, was es gut gemacht hat.
Schreiben Sie den Tagesplan an die Tafel oder auf ein Blatt Papier und streichen Sie jeden Punkt durch, wenn er erledigt ist. Kinder mit

Impulsproblemen können ein Gefühl der Kontrolle gewinnen und fühlen sich ruhiger, wenn sie wissen, was sie erwartet.

Umgang mit Unruhe und Hyperaktivität
Strategien zur Bekämpfung der Hyperaktivität bestehen in kreativen Möglichkeiten, die es dem Kind mit ADHS ermöglichen, sich zur richtigen Zeit auf angemessene Weise zu bewegen. Wenn es auf diese Weise Energie freisetzt, fällt es ihm leichter, seinen Körper während der Arbeitszeit ruhig zu halten.
Ermutigen Sie ihn, Sport zu treiben oder zumindest vor und nach der Schule zu laufen, und achten Sie darauf, dass er nie die Pausen oder den Sportunterricht verpasst.

Bewältigung von Problemen durch Befolgen von Anweisungen
Es mag den Anschein haben, dass diese Kinder Anweisungen verstehen und sogar aufschreiben, aber dann sind sie nicht in der Lage, sie wie gefordert zu befolgen. Manchmal überspringen sie Schritte und reichen unvollständige Arbeiten ein, oder sie verstehen eine Aufgabe völlig falsch und machen am Ende etwas anderes.

Um dem Kind zu helfen, Anweisungen zu befolgen, müssen die einzelnen Schritte der Anweisungen aufgeschlüsselt und bekräftigt werden, und das Kind muss bei Bedarf umgelenkt werden. Versuchen Sie, die Anweisungen extrem kurz zu halten, so dass das Kind einen Schritt ausführen und dann zurückgehen kann, um herauszufinden, was es als nächstes tun soll. Wenn das Kind vom Weg abkommt, erinnern Sie es ruhig daran und weisen es mit ruhiger, aber fester Stimme darauf hin. Wenn möglich, schreiben Sie die Anweisungen mit einem dicken Stift oder farbiger Kreide auf eine Wandtafel.

Tipps, damit Lernen Spaß macht
Eine gute Möglichkeit, die Aufmerksamkeit eines Kindes auf das Lernen zu lenken, besteht darin, den Lernprozess unterhaltsam zu gestalten. Körperliche Bewegung in einer Lektion oder das Erfinden von lustigen Liedern, die das Erinnern an Details erleichtern, können Ihrem Kind helfen, Spaß am Lernen zu haben und sogar ADHS-Symptome zu reduzieren.

Helfen, Spaß zu haben
Kinder, die an einer Aufmerksamkeitsstörung leiden, neigen zu einem "konkreten" Denken. Sie mögen es oft, etwas in der Hand zu halten, zu berühren oder an einer Erfahrung teilzunehmen, um etwas Neues zu lernen. Indem Sie Spiele und Objekte zur Veranschaulichung mathematischer Konzepte verwenden, können Sie Ihrem Kind zeigen, dass Mathematik sinnvoll sein kann und Spaß macht.

Verwenden Sie Memory-Karten, Würfel oder Dominosteine, um mit Zahlen zu spielen. Oder benutze einfach deine Finger und Zehen, indem du sie beim Addieren oder Subtrahieren verschiebst oder bewegst.
Vor allem bei verbalen Aufgaben können Illustrationen Kindern helfen, mathematische Konzepte besser zu verstehen. Wenn die Wortaufgabe besagt, dass es zwölf Autos gibt, helfen Sie Ihrem Kind, sie vom Lenkrad bis zum Kofferraum zu zeichnen.
Um sich zum Beispiel die Reihenfolge der Operationen zu merken, erfinden Sie ein Lied oder einen Satz, in dem der erste Buchstabe jeder Operation in der richtigen Reihenfolge vorkommt.

Es gibt viele Möglichkeiten, das Lesen spannend zu gestalten, auch wenn die Fähigkeit selbst für Kinder mit ADHS oft eine Schwierigkeit darstellt. Denken Sie daran, dass das Lesen auf der grundlegendsten Ebene interessante Geschichten und Informationen beinhaltet, die allen Kindern Spaß machen.

Gestalten Sie das Lesen zu einer gemütlichen, hochwertigen Zeit mit Ihnen. Machen Sie Vorhersagen oder "Wetten". Fragen Sie das Kind immer wieder, was seiner Meinung nach als Nächstes passieren könnte. Modellvorhersage: "Das Mädchen in der Geschichte scheint ziemlich mutig zu sein: Ich wette, sie wird versuchen, ihre Familie zu retten."
Spielen Sie die Geschichte nach. Lassen Sie das Kind seine Figur auswählen und weisen Sie auch Ihnen eine zu. Verwenden Sie lustige Stimmen und Kostüme, um sie zum Leben zu erwecken.

Kapitel 2 - Gesetze und Unterstützungsmöglichkeiten für Kinder mit ADHS

Jedes Land steht vor einzigartigen Herausforderungen in Bezug auf die Betreuung und Erziehung von Kindern mit ADHS. In diesem Kapitel untersuchen wir die Gesetze und Unterstützungsmaßnahmen, die in Italien, Frankreich, Spanien und Deutschland für Kinder mit dieser Störung zur Verfügung stehen. Jedes Land hat Strategien und Programme entwickelt, die darauf abzielen, ein integratives Bildungsumfeld zu schaffen, das dem Wachstum und dem Wohlbefinden dieser Kinder förderlich ist.

Italien
In Italien werden Gesetze und Unterstützungsmaßnahmen für Kinder mit ADHS hauptsächlich durch das Gesetz 170/2010 garantiert, das als "Rahmengesetz für Unterstützung, soziale Integration und die Rechte von Menschen mit Behinderungen" bekannt ist. Dieses Gesetz gewährleistet die schulische Unterstützung von Schülern mit Behinderungen, einschließlich derjenigen mit ADHS, durch die Festlegung maßgeschneiderter Unterstützungsmaßnahmen und die Verabschiedung individualisierter Bildungspläne (PEI). Darüber hinaus enthält das Ministerialdekret 5669/2011 operative Leitlinien für die Umsetzung des Gesetzes 170/2010 in italienischen Schulen.

Eltern sollten sich ihrer Rechte im Rahmen dieses Gesetzes bewusst sein und wissen, welche Unterstützung für ihre Kinder mit ADHS zur Verfügung steht, z. B. personalisierte pädagogische Unterstützung, Zuweisung eines Betreuungslehrers, Zugang zu kompensatorischen und technischen Hilfsmitteln und das Recht auf einen auf die individuellen Bedürfnisse des Kindes zugeschnittenen Bildungsweg.

Für weitere Informationen über die in Italien geltenden Gesetze und Unterstützungsmöglichkeiten für Kinder mit ADHS empfehlen wir die offizielle Website des Ministeriums für Bildung, Universität und Forschung

(MIUR) und des italienischen Verbands für Legasthenie und Lernstörungen (AIDDA).

Frankreich

Zu den Gesetzen in Frankreich, die die Unterstützung von Kindern mit ADHS regeln, gehört das Gesetz zur Chancengleichheit aus dem Jahr 2005, das allen Schülern, auch denen mit Behinderungen wie ADHS, den Zugang zu inklusiver Bildung garantiert. Darüber hinaus regelt der Code de l'éducation (Bildungsgesetzbuch) die Unterstützung und Förderung von Schülern mit sonderpädagogischem Förderbedarf in französischen Schulen.

Die Eltern sollten über die Rechte ihrer Kinder im Rahmen dieser Gesetze und über die verfügbaren Unterstützungsmaßnahmen informiert sein, wie z. B. die Zuweisung einer Begleitperson für die schulische Integration (AESH), die Anpassung des Bildungsprogramms und psychologische und pädagogische Unterstützung.

Weitere Informationen über die Gesetze und Unterstützungsmaßnahmen für Kinder mit ADHS in Frankreich finden Sie auf der offiziellen Website des Ministeriums für nationale Bildung, pädagogische Innovation und Jugend (Ministère de l'Éducation Nationale de la Jeunesse et des Sports) und der Association Française du Syndrome d'Hyperactivité et de l'Attention (AFSHA).

Spanien

In Spanien ist das wichtigste Gesetz, das die Betreuung von Kindern mit ADHS regelt, das Ley Orgánica de Educación (LOE), das das Recht eines jeden Schülers auf integrative Bildung festschreibt und die Verabschiedung personalisierter Unterstützungsmaßnahmen vorsieht. Darüber hinaus garantiert das Ley de Igualdad de Oportunidades, No Discriminación y Accesibilidad Universal de las Personas con Discapacidad aus dem Jahr 2003 den Zugang zu Bildung und Unterstützung für Schüler mit Behinderungen, einschließlich solcher mit ADHS.

Die Eltern sollten über die Rechte ihres Kindes im Rahmen dieser Gesetze und über die verfügbaren Unterstützungsmaßnahmen informiert sein, z. B. über die Zuweisung eines Förderlehrers, die Anpassung des Lehrplans und den Zugang zu speziellen Ressourcen wie Psychologen und Therapeuten.

Weitere Informationen über die Gesetze und Unterstützungsmaßnahmen für Kinder mit ADHS in Spanien finden Sie auf den offiziellen Websites des Ministeriums für Bildung und Berufsausbildung (Ministerio de Educación y Formación Profesional) und der Confederación Española de Asociaciones de Ayuda al Déficit de Atención e Hiperactividad (CONFEAADAH).

Deutschland
In Deutschland gibt es für Kinder mit ADHS eine Reihe von Gesetzen und Unterstützungsmaßnahmen, die sicherstellen sollen, dass sie eine integrative Bildung und angemessene Unterstützung bei der Bewältigung der mit der Störung verbundenen Herausforderungen erhalten.

Das Bundeskindergeldgesetz bietet finanzielle Unterstützung für Familien mit behinderten Kindern, einschließlich Kindern mit ADHS. Diese Unterstützung kann dazu beitragen, die zusätzlichen Kosten zu decken, die mit der Betreuung und Erziehung von Kindern mit besonderen Bedürfnissen verbunden sind.

Darüber hinaus regelt das Sozialgesetzbuch die Versorgung und soziale Integration von Menschen mit Behinderungen in Deutschland. Dazu gehört auch der Zugang zu Gesundheitsdiensten und Therapien, die zur Bewältigung der Erkrankung erforderlich sind.
Weitere Informationen zu den Gesetzen und Hilfen für Kinder mit ADHS in Deutschland finden Sie auf der offiziellen Website des Bundesministeriums für Familie, Senioren, Frauen und Jugend und des ADHS Deutschland e.V.

Zusammenfassung

Es gibt verschiedene Gesetze zum Schutz von Kindern mit ADHS. Den Eltern wird empfohlen, sich gründlich zu informieren und sich an Hilfsorganisationen zu wenden, die Familien entsprechend beraten können.

Kapitel 3 - Techniken zur Verbesserung von Gedächtnis, Konzentration und Organisation

Eine der Herausforderungen für Kinder mit ADHS sind Einschränkungen des Arbeitsgedächtnisses oder der Fähigkeit, Informationen lange genug zu behalten, um sie zu nutzen. Das Arbeitsgedächtnis wirkt sich auch auf das Langzeitgedächtnis aus, d. h. auf die Art und Weise, wie unser Gehirn Informationen für die Zukunft speichert. Ein schwaches Arbeitsgedächtnis kann es Ihrem Kind erschweren, aufmerksam zu sein, sich zu konzentrieren, sich an Anweisungen zu erinnern und diese zu befolgen, zu lernen und vieles mehr.

Viele kleine Kinder haben Probleme mit dem Arbeitsgedächtnis. Kinder mit ADHS können aber auch Probleme in anderen kognitiven Bereichen haben, einschließlich der Exekutivfunktion, die uns hilft, Aufgaben zu planen, Prioritäten zu setzen und auszuführen. Diese Defizite können in Verbindung mit Schwierigkeiten mit dem Arbeitsgedächtnis eine Herausforderung darstellen.

In den letzten Jahren wurden viele neue Hilfsmittel wie Apps, Websites und Computerspiele entwickelt, die Kindern mit ADHS helfen sollen, ihre Gehirnfunktionen, einschließlich des Arbeitsgedächtnisses, zu verbessern. Obwohl einige Untersuchungen zeigen, dass sie helfen können, sagen Forscher und Ärzte, dass es keine schlüssigen Beweise dafür gibt, dass diese Computerprogramme Kindern helfen, wenn es darum geht, ihr Arbeitsgedächtnis im Alltag zu nutzen und zu verbessern.
Die Forschung hat jedoch gezeigt, dass Medikamente und die Anwendung von Trainingstechniken und -strategien das Arbeitsgedächtnis verbessern können.

Während Sie Ihrem Kind helfen, sein Arbeitsgedächtnis zu verbessern, ist es auch wichtig, ihm Strategien zu vermitteln, die es zu Hause und in der Schule anwenden kann, um sich Dinge zu merken, Aufgaben zu erledigen und den Alltag zu bewältigen.

Hier finden Sie einige Möglichkeiten, wie Sie ihm helfen können, sein Arbeitsgedächtnis zu verbessern, sowie Anpassungsstrategien, um in der Schule und zu Hause erfolgreich zu sein.

1. Spielen von Memory und Kartenspielen
Bei Kartenspielen muss sich das Kind die Regeln merken, welche Karten es braucht und welche Karten die anderen Spieler benutzt haben. Wählen Sie das Spiel entsprechend dem aktuellen Niveau und Alter Ihres Kindes. Gedächtnisspiele können ihm auch helfen, das Behalten von Informationen zu üben.

Übung: Erinnern und Wiederholen

Ablauf:
1. Wählen Sie einen ruhigen, ablenkungsfreien Ort, an dem Sie als Familie bequem zusammensitzen können.
2. Nehmen Sie Karten mit aufgedruckten Buchstaben und Zahlen, ähnlich denen auf Autokennzeichen.
3. Ein Familienmitglied sagt der Reihe nach eine Reihe von Buchstaben und Zahlen von der Karte auf, z. B. "ABC 123".
4. Nachdem sie aufmerksam zugehört haben, wiederholen die anderen Familienmitglieder die Buchstaben- und Zahlenreihe genau so, wie sie ihnen gesagt wurde.
5. Setzen Sie die Aufgabe abwechselnd fort, wobei jedes Familienmitglied eine neue Buchstaben- und Zahlenkombination aufsagt und die anderen sie wiederholen.
6. Ermutigen Sie sich während der Übung gegenseitig und nehmen Sie sich die Zeit, genau zuzuhören und zu wiederholen.
7. Diskutieren Sie am Ende der Übung gemeinsam die aufgetretenen Herausforderungen und die verwendeten Strategien zur Verbesserung des Zuhörens und des Gedächtnisses.
8. Wiederholen Sie die Übung regelmäßig, um das Zuhören, das Gedächtnis und die Kommunikationsfähigkeit innerhalb der Familie zu verbessern.

---

2. Lassen Sie sich von Ihrem Kind belehren

Eine gute Möglichkeit, Ihrem Kind zu helfen, sich das Gelernte zu merken, ist, dass Sie es ihm beibringen. Um etwas zu lehren, muss eine Person die Informationen zunächst behalten und in der Lage sein, sie zu nutzen, um andere anzuleiten. Lehrer wenden diese Technik oft im Klassenzimmer an, indem sie Schüler zusammenbringen, die sich gegenseitig helfen.

Übung: Lehre mich!

Ablauf:
1. Wählen Sie eine ruhige, entspannte Zeit, in der sich Ihr Kind wohlfühlt und bereit ist, unterrichtet zu werden.
2. Bitten Sie ihn, an eine neue Fähigkeit zu denken, die er kürzlich erlernt hat oder aktiv übt.
3. Ermutigen Sie ihn, eine Fertigkeit zu wählen, die für ihn von Bedeutung ist und ihm Selbstvertrauen gibt.
4. Wenn Sie die Fertigkeit ausgewählt haben, bitten Sie ihn, Ihnen Schritt für Schritt zu erklären, wie Sie diese Fertigkeit ausführen.
5. Hören Sie aufmerksam zu, wenn er Sie durch den Prozess führt, und fragen Sie bei Bedarf nach.
6. Stellen Sie Fragen und versuchen Sie, das Konzept während des Unterrichts vollständig zu verstehen.
7. Nachdem er die Erklärung beendet hat, versuchen Sie, die Übung nach seinen Anweisungen zu wiederholen.
8. Bieten Sie während des Prozesses positives Feedback und Unterstützung an und ermutigen Sie ihn, geduldig und hilfsbereit zu sein.
9. Wiederholen Sie diese Übung regelmäßig und geben Sie ihm so die Möglichkeit, seine pädagogischen Fähigkeiten zu üben, während er Ihnen hilft, Neues zu lernen und sein Verständnis für die Themen zu festigen.

---

3. Förderung des aktiven Lesens

Bitten Sie Ihr Kind, sich Notizen zu machen, Passagen zu unterstreichen und über das Gelesene zu sprechen. Diese aktiven Lesefähigkeiten können ihm helfen, Details aufzunehmen und zu behalten, sowohl kurz- als auch langfristig.

Übung: Die Magie der Natur

Ablauf:

- Wählen Sie gemeinsam mit Ihrem Kind ein Bilderbuch über die Natur aus, das sein Interesse weckt.
- Erklären Sie, wie wichtig es ist, sich während des Lesens Notizen zu machen und zeigen Sie, wie man dies mit Schlüsselwörtern, wichtigen Sätzen oder Fragen durchführt.
- Ermutigen Sie Ihr Kind beim Lesen, wichtige oder interessante Passagen zu unterstreichen.
- Diskutieren Sie nach der Lektüre eines Kapitels oder Abschnitts gemeinsam über das Gelesene und tauschen Sie Notizen und Überlegungen aus.
- Schlagen Sie dem Kind eine kreative Tätigkeit vor, die mit dem Buch zu tun hat, z. B. das Zeichnen einer Szene oder das Erstellen einer Collage.
- Wiederholen Sie die Aktivität regelmäßig, um die aktive Lesefähigkeit zu fördern und das Kind in den Lernprozess einzubinden.

4. Entwicklung von Fähigkeiten

Wenn Ihr Kind eine neue Fähigkeit erlernt oder sich an die Ausführung einfacher Aufgaben gewöhnt hat, sollten Sie diese immer wieder ergänzen. Studien haben gezeigt, dass Kinder am meisten vom Arbeitsgedächtnis profitieren, wenn sie mit neuen Fähigkeiten gefordert werden. Achten Sie nur darauf, die Anforderungen langsam zu steigern.

Übung: Der Turm

Ablauf:

- Sammeln Sie Materialien wie Bausteine, Lego oder andere geeignete Materialien, um einen Turm zu bauen.
- Beginnen Sie mit einer soliden Basis. Bitten Sie die Kinder, zunächst einen Turm mit einer begrenzten Anzahl von Blöcken zu bauen, z. B. einen Turm aus drei Blöcken.

- Fügen Sie nach und nach weitere Herausforderungen hinzu. Wenn Sie den Basisturm erfolgreich abgeschlossen haben, erhöhen Sie die Komplexität ein wenig, indem Sie einen zusätzlichen Block für den nächsten Turm hinzufügen. Zum Beispiel können Sie jetzt einen Turm aus vier Blöcken bauen.
- Fördern Sie die Planung. Bevor Sie mit dem Bau eines neuen Turms beginnen, bitten Sie Ihr Kind, im Geiste zu planen, wie es die Blöcke anordnen möchte, um Stabilität und Höhe zu gewährleisten.
- Fordern Sie Ihr Arbeitsgedächtnis heraus. Während des Baus müssen Sie die verwendeten Blöcke und die Anordnung des Turms im Auge behalten, um sicherzustellen, dass er nicht umkippt, während Sie neue Blöcke hinzufügen.
- Reflektieren Sie nach jedem fertiggestellten Turm den Bauprozess und besprechen Sie etwaige Herausforderungen, die aufgetreten sind. Fragen Sie die Kinder, wie sie ihr Arbeitsgedächtnis während der Aktivität im Griff hatten.
- Erhöhen Sie die Anzahl der Blöcke schrittweise oder fügen Sie dem Turmbau neue Regeln oder Herausforderungen hinzu, um das Arbeitsgedächtnis weiter zu stimulieren.
- Jeden Erfolg bei der Bewältigung der komplexesten Türme anerkennen und feiern, um so zu weiteren Anstrengungen und zur Verbesserung der Fähigkeiten zu ermutigen.

5. Wiederholen Sie die Informationen

Das mehrmalige Wiederholen von Anweisungen und Informationen während des Lernens hilft dem Kind, sich mit den Informationen vertraut zu machen, sie zu verarbeiten und zu behalten. Wiederholungen werden notwendig sein, wenn Ihr Kind reifer und sein Arbeitsgedächtnis mit der Zeit besser wird.

Übung: Anweisungen weitergeben

Ablauf:
- Vorbereitung: Suchen Sie sich einen freien Platz und nehmen Sie einen weichen Ball.
- Ziel: Den Ball weitergeben und dabei Anweisungen und Informationen austauschen.
- Beginn des Spiels: Geben Sie Ihrem Kind den Ball und sagen Sie eine Anweisung oder eine kurze Information (z. B. "Sag mir, welche Farbe der Himmel hat").
- Während des Spiels müssen Sie nicht nur die Frage beantworten, sondern sich auch an die vorherige Antwort erinnern. Wenn also die erste Frage die Farbe des Himmels betraf und die zweite die Addition 2 + 2, müssen Sie "Himmel, 2 + 2" sagen und sich dann auf maximal 10 Antworten steigern.
- Abschließende Reflexion: Besprechen Sie mit Ihrem Kind, wie die Wiederholungen ihm geholfen haben, die Informationen zu verstehen und sich zu merken.

6. Bilder verwenden

Bilder und Listen können für Kinder mit ADHS sehr nützlich sein. Sie können auf unterschiedliche Weise verwendet werden, z. B. als Bilder, um die Schritte zu zeigen, die für die Erledigung einer Aufgabe erforderlich sind, oder als Post-it-Zettel, um sie an die zu erledigenden Aufgaben zu erinnern.

Übung: Liste der Aktivitäten

Ablauf:
- Identifizieren von Aktivitäten: Listen Sie gemeinsam mit Ihrem Kind die Aktivitäten auf, die es häufig vergisst, zu Hause zu erledigen, z. B. Hausaufgaben oder das Vorbereiten seines Rucksacks.

- Erstellung von Listen: Erstellen Sie für jede Aktivität eine detaillierte Liste, in der alle notwendigen Schritte aufgeführt sind.
- Verwendung von Bildern (optional): Fügen Sie neben jedem Schritt Zeichnungen oder Abbildungen ein, um die Anweisungen zu verdeutlichen.
- Platzierung der Listen: Platzieren Sie die Listen an gut sichtbaren Stellen im Haus, z. B. am Kühlschrank oder auf dem Schreibtisch.
- Erinnerungen verwenden: Verwenden Sie bei Bedarf Post-it-Zettel, um Sie zu verschiedenen Zeiten an bestimmte Aufgaben zu erinnern.
- Bewertung und Anpassung: Überwachen Sie die Verwendung von Listen und nehmen Sie eventuelle Anpassungen vor, um die Effektivität bei der Erinnerung und Erledigung von Aufgaben zu verbessern.

7. **Kurze Anweisungen erteilen**

Wenn Sie Ihrem Kind Anweisungen oder Informationen in mehreren Schritten geben, unterteilen Sie sie in kleinere Teile. So stellen Sie sicher, dass Sie sein Arbeitsgedächtnis nicht überlasten und dass es eine Information nach der anderen verarbeiten kann.

Übungen

In diesem Abschnitt finden Sie 2 Übungen:

Übung 1: Die Morgenroutine

Ablauf:

- Vorbereitung: Setzen Sie sich zusammen und besprechen Sie die morgendliche Routine. Bestimmen Sie die Aufgaben, die erledigt werden müssen, und setzen Sie Prioritäten.

- Zuweisung von Aufgaben: Weisen Sie Ihrem Kind jeweils zwei Aufgaben zu, die es erledigen muss, bevor es mit der nächsten Aufgabe weitermachen kann. Zum Beispiel: "Kleidung" und "Frühstück".

- Erledigung der Aufgaben: Das Kind muss die ersten beiden zugewiesenen Aufgaben erledigen, bevor es in die folgenden Aufgaben eingewiesen werden.
- Wiederholung: Es setzt diesen Prozess jeden Morgen fort und steigert allmählich die Anzahl der ihm übertragenen Aufgaben und seine Fähigkeit, sie selbstständig zu erledigen.

Übung 2: Geschichte in verschiedenen Phasen

Ablauf:
- Aufgabenstellung: Wenn Ihr Kind einen Aufsatz, eine Geschichte oder einen Text schreiben soll, setzen Sie sich zusammen und besprechen Sie die Struktur und den Ablauf des Schreibens.
- Schreibphasen: Unterteilen Sie die Aufgabe in verschiedene Phasen, z. B. erste Überlegungen, Datenerfassung, Erstellung einer Gliederung, Fertigstellung eines ersten Entwurfs und Überarbeitung.
- Zuweisung von Phasen: Weisen Sie jeweils eine Phase zur Bearbeitung zu. Zum Beispiel: "Machen Sie heute ausführliche Überlegungen zum Thema des Aufsatzes."
- Abschluss der Phase: Ihr Kind muss sich ausschließlich auf die zugewiesene Phase konzentrieren und diese abschließen, bevor es zur nächsten Phase übergehen kann.
- Feedback und Anpassungen: Besprechen Sie nach jedem abgeschlossenen Schritt gemeinsam die geleistete Arbeit und beurteilen Sie, ob Änderungen am Prozess oder an den verwendeten Strategien vorgenommen werden müssen.
- Wiederholung: Wiederholen Sie diesen Vorgang für jeden Schritt der Aufgabe bis zur endgültigen Fertigstellung des Aufsatzes.

Konzentrationstechniken

Stellen Sie sich vor, Sie leben in einem Videospiel, in dem alles auf einmal auf Sie zukommt. Jeder Anblick, jedes Geräusch und jedes Gefühl ist eine Ablenkung. Für ein Kind mit ADHS ist ein typischer Tag so etwas wie das. Und das erklärt eine Menge darüber, wie es die Welt erlebt.
Kinder mit ADHS zeigen typischerweise Beeinträchtigungen in Funktionen wie Konzentration, Gedächtnis, Impulskontrolle, Verarbeitungsgeschwindigkeit und Unfähigkeit, Anweisungen zu befolgen. Die gute Nachricht ist, dass Sie etwas tun können, um ihm zu helfen, seine Konzentrationsfähigkeit zu verbessern.

Hier sind einige einfache Übungen, die Ihnen den Einstieg erleichtern. Wenn Sie diese Übungen gemeinsam durchführen, achten Sie darauf, dass Sie sie durch Lob und Ermutigung unterstützen. Führen Sie Buch über Ihre Fortschritte (in der Regel gehört dazu, wie schnell Sie eine Aktivität abschließen oder wie lange Sie eine Aktivität fortsetzen können).

1. Das Münzspiel
Eltern mögen dieses Spiel, weil es das Gedächtnis und die Reihenfolge sowie die Aufmerksamkeit und Konzentration verbessert. Und Kinder mögen es, weil es schnell ist und Spaß macht.

Übung

Benötigtes Material:
Zunächst benötigen Sie eine kleine Sammlung verschiedener Münzen, ein Blatt Pappe zum Abdecken und eine Stoppuhr oder einen Timer (es gibt viele kostenlose Timer-Apps für Ihr Handy).

Ablauf:
- Wählen Sie fünf Münzen aus dem Stapel aus (in diesem Beispiel sagen wir drei Cent) und legen Sie sie der Reihe nach hin.
- Sagen Sie nun Ihrem Kind: "Schau dir die Münzen auf dem Tisch genau an."

- Decken Sie dann die Münzen mit Pappe ab. Starten Sie den Timer und bitten Sie Ihr Kind, das gleiche Muster mit den Münzen vom Stapel zu legen. Wenn es fertig ist, markieren Sie die Zeit mit dem Timer und entfernen Sie die Pappabdeckung.
- Notieren Sie die Zeit, die Ihr Kind für die Ausführung des Musters benötigt hat, und ob es richtig ist oder nicht. Wenn Ihr Kind die Aufgabe nicht richtig löst, bitten Sie es, es so lange zu versuchen, bis es sie löst.
- Sie können den Schwierigkeitsgrad der Muster im Laufe des Spiels erhöhen und mehr Münzen hinzufügen. Sie werden sehen, dass sich die Konzentration und die Abläufe Ihres Kindes im Laufe des Spiels verbessern, was für Sie beide eine große Belohnung ist.

2. Entspannung und positive Bilder

Die Kombination einfacher Entspannungstechniken wie tiefes Atmen mit positiven visuellen Bildern hilft dem Gehirn, sich zu verbessern oder neue Fähigkeiten zu erlernen. Die Forschung zeigt zum Beispiel, dass das Gehirn imaginäre Versuche wie reale Versuche registriert. Wenn z. B. eine Person ihren Golfschwung mental übt, kann dies zu Verbesserungen auf dem Golfplatz führen.

Mit anderen Worten: Kinder mit ADHS können sich vorstellen, im Unterricht aufmerksam zu sein oder mit Hänseleien umzugehen, was ihr Verhalten in der Schule verändern kann.

Übung: Visualisierung von Entspannung und positiver Vorstellungskraft

Ablauf:
- Suchen Sie sich einen ruhigen und bequemen Platz, an dem Ihr Kind bequem sitzen oder liegen kann.
- Beginnen Sie mit einer tiefen Atemübung. Atmen Sie gemeinsam langsam bis 4 zählend ein, halten Sie den Atem an, um bis 4 zu zählen, und atmen Sie dann langsam bis 4 zählend aus. Wiederholen Sie diesen Zyklus einige Minuten lang.

Konzentrieren Sie sich dabei auf den Rhythmus des Atems und lassen Sie die Spannung los.
- Nachdem er einen Zustand der Entspannung erreicht hat, ermutigen Sie ihn, sich eine positive Situation vorzustellen, die er gerne erleben würde, wie z. B. einen Erfolg in der Schule oder die Bewältigung einer Konfliktsituation. Helfen Sie ihm, sich auf die Details der vorgestellten Situation zu konzentrieren, alle Sinne anzusprechen und eine lebendige und reale Erfahrung in seinem Kopf zu schaffen.
- Denken Sie gemeinsam über die Gefühle und Empfindungen nach, die Sie während der Übung erlebt haben. Ermutigen Sie ihn, diese Technik regelmäßig zu üben und sie an die spezifischen Situationen anzupassen, die er in seinem täglichen Leben bewältigen möchte.

3. Integration von Körper und Geist

Körper-Geist-Übungen helfen, die neuronalen Verbindungen zwischen Gehirn und Körper zu stärken und sorgen so für eine bessere Selbstkontrolle.

In diesem Abschnitt finden Sie **2 Übungen**:

Übung 1: Ausdauer

Ablauf:
- Suchen Sie sich einen bequemen Stuhl und eine Stopuhr.
- Bitten Sie Ihr Kind, sich auf den Stuhl zu setzen und so lange wie möglich still zu sitzen.
- Messen Sie, wie lange er sitzen kann, ohne sich zu bewegen.
- Wiederholen Sie die Übung regelmäßig über mehrere Wochen hinweg und registrieren Sie die Verbesserungen im Laufe der Zeit.

Übung 2: Geist-Körper-Verbindung mit geführter Bewegung

Ablauf:
- Suchen Sie einen freien Platz, wo er sich bequem bewegen kann.
- Beginnen Sie mit einer einfachen Bewegung, z. B. heben Sie die Arme über den Kopf und senken Sie sie langsam wieder ab.
- Führen Sie ihn durch eine Reihe von Körperbewegungen, wie Seitenbeugen, Rumpfdrehungen oder Beinheben.
- Ermutigen Sie ihn, sich während der Bewegungen auf die körperlichen Empfindungen zu konzentrieren, die er erlebt, z. B. den Kontakt seiner Füße mit dem Boden oder die Bewegung seiner Muskeln.
- Setzen Sie sich am Ende der Sitzung zusammen und reflektieren Sie über die Körperempfindungen und das Gefühl der Verbindung zwischen Geist und Körper, das während der Übung entstanden ist.

---

4. Illustrierte Kreuzworträtsel und Rätsel

Es klingt einfach, aber es sind großartige Hilfsmittel für Kinder mit ADHS. Kreuzworträtsel verbessern die Aufmerksamkeit für Wörter und die Fähigkeit, eine Reihenfolge einzuhalten. Auch illustrierte Rätsel, bei denen Ihr jüngeres Kind nach den "falschen" Dingen auf dem Bild suchen oder schwer zu findende Gegenstände finden muss, verbessern die Aufmerksamkeit und Konzentration.

5. Gedächtnis- und Konzentrationsspiele

Das Gedächtnis motiviert das Kind, sich die Position der abgebildeten Quadrate zu merken. Durch wiederholtes Spielen werden die Schaltkreise des Gehirns trainiert und stimuliert, was die Verbindungen stärkt und so die Funktion verbessert.

In diesem Abschnitt finden Sie **2 Übungen**:

Übung 1: Ordnen Sie die Sequenz

Ablauf:
- Bereiten Sie eine Reihe von Gegenständen oder Bildern vor, die in zufälliger Reihenfolge auf einem Tisch angeordnet sind.
- Zeigen Sie Ihrem Kind die Sequenz ein paar Sekunden lang und decken Sie sie dann zu.
- Bitten Sie ihn, die Gegenstände oder Bilder in der gleichen Reihenfolge anzuordnen, in der er sie gesehen hat.
- Nachdem er die Aufgabe erledigt hat, vergleichen Sie seinen Auftrag mit dem Original und besprechen Sie gemeinsam eventuelle Fehler.

Übung 2: Schnitzeljagd nach Farben

Ablauf:
- Wählen Sie einige bunte Gegenstände im Haus oder im Garten und verstecken Sie sie an verschiedenen Orten.
- Bereiten Sie eine Liste mit Farben vor, die den versteckten Gegenständen entsprechen (z. B. rot - Ball, blau - Bleistift, grün - Blatt usw.).
- Geben Sie ihm die Liste und die Aufgabe, die Gegenstände zu finden, die den aufgeführten Farben entsprechen.
- Wenn das Kind alle Gegenstände gefunden hat, besprechen Sie gemeinsam, wie die Suche die Konzentration und die Fähigkeit, sich die mit den Gegenständen verbundenen Farben zu merken, verbessert hat.

---

6. Spiele mit Tanzsequenzen

Es gibt verschiedene Versionen zur Auswahl, je nach Alter und Vorlieben. Diese Spiele können auf verschiedenen Videospielplattformen gespielt werden. Eine dazugehörige Tanzmatte sollte angeschafft werden.

Diese Spiele verbessern die Konzentration, die Verarbeitungsgeschwindigkeit, die Planung, die Abfolge und die motorische Integration. Als zusätzlicher Bonus können sie auch eine gute Form der aeroben Übung sein.

7. Storybasierte Spiele

Diese Spiele tragen zur Entwicklung des Arbeitsgedächtnisses und der Konzentration bei. Sie können auch zur Entwicklung der Logik und des Humors beitragen.

Übung

Aktivität: Märchenhafte Fantasie

Ablauf:
- Wählen Sie gemeinsam ein Märchenbuch aus.
- Lesen Sie einen Teil des Märchens.
- Fragen Sie ihn, was, seiner Meinung nach, nach den beschriebenen Ereignissen passieren könnte.
- Fügen Sie seine Meinung über die mögliche Fortsetzung der Geschichte hinzu.
- Tauschen Sie weitere Ideen aus, abwechselnd die Ihres Sohnes und Ihre.
- Überlegen Sie gemeinsam, wie diese Aktivität die Vorstellungskraft angeregt und das Verständnis der Geschichte bereichert hat.

---

8. Labyrinthe

Im Internet finden Sie kostenlose, altersgerechte Labyrinthe. Beginnen Sie mit den einfachen. Behalten Sie die Geschwindigkeit und die Fehler ihres Kindes im Auge. Vergessen Sie natürlich nicht, die verbesserten Ergebnisse zu loben.

Labyrinthe sind gut für die Konzentration, die Planung, die Reihenfolge, die Verarbeitungsgeschwindigkeit und die visuell-motorische Integration. Sie können sich auch für ein Labyrinthbuch entscheiden, damit das Kind nicht an den PC gebunden ist, um diese Aktivität durchzuführen.

9. Puzzle-Spiele

Puzzlespiele eignen sich hervorragend für Kinder mit ADHS oder Lernschwierigkeiten, da sie, wie alle anderen Übungen auch, zum Aufbau der Gehirnmuskeln beitragen. Es gibt z. B. Labyrinthspiele, bei denen die Spieler eine kleine Murmel um schwierige Hindernisse in einer durchsichtigen Kugel manövrieren müssen. Sie können die Herausforderungen variieren, um eine Vielzahl von Spielen anzubieten.

10. Paddel-Ball

Haben Sie als Kind jemals mit einem solchen Gerät gespielt? Im Grunde handelt es sich um ein Holzpaddel, an dem ein Gummiball mit einem Gummiband befestigt ist. Die Ausrüstung sollte in einem Spielwarengeschäft oder einer Apotheke leicht zu finden sein.

Beginnen Sie am besten damit, den Ball nach unten zu prellen, und gehen Sie dann dazu über, den Ball nach oben zu prellen, wenn Sie dies beherrschen. Behalten Sie im Auge, wie lange Ihr Kind den Ball aufspringen lassen kann. Ermutigen Sie es, die Zeitspanne zu verlängern. Bei älteren Kindern können Sie darüber sprechen, was es braucht, um einen Rekord aufzustellen, um sie zu motivieren.

Übungen zur Verbesserung der Organisation

In diesem letzten Abschnitt sehen wir uns 5 Übungen an, die zur Verbesserung der Organisation beitragen können

Übungen

Hier sind fünf weitere praktische Übungen zur Verbesserung der Organisation bei Kindern mit ADHS:

1. Sortieren des Kleiderschranks: Nehmen Sie sich Zeit für Ihr Kind, um seinen Kleiderschrank zu ordnen. Unterteilen Sie die Kleidung nach Art (Hosen, T-Shirts usw.) und verwenden Sie markierte Kisten oder Schubladen zur Aufbewahrung der Kleidung. Bringen Sie ihm bei, saubere Kleidung nach dem Waschen an den richtigen Platz zu legen.

2. Wöchentlicher Arbeitsplan: Setzen Sie sich jeden Sonntagabend zusammen und planen Sie die kommende

Woche. Verwenden Sie einen großen Kalender oder einen Wochenplaner und notieren Sie gemeinsam Ihre Verpflichtungen, Termine und schulischen und außerschulischen Aktivitäten. Unterstreichen Sie zu erledigende Aufgaben und einzuhaltende Fristen.

3. Aufgaben-Memory-Spiel: Bereiten Sie Karten mit den zu erledigenden Aufgaben und deren Fristen vor. Mischen Sie die Karten und legen Sie sie verdeckt auf einen Tisch. Bitten Sie Ihr Kind, jeweils zwei Karten umzudrehen und zu versuchen, die Übereinstimmungen zwischen der Aufgabe und dem Termin zu finden. Dieses Spiel fördert nicht nur die Organisation, sondern auch das Gedächtnis und die Konzentration.

4. "Vorrat" an Materialien: Helfen Sie Ihrem Kind, einen "Vorrat" an grundlegenden Schulmaterialien anzulegen, z. B. Stifte, Bleistifte, Radiergummis und Hefte. Weisen Sie einen bestimmten Ort für die Aufbewahrung dieser Materialien zu, z. B. eine Kiste oder Schublade, und stellen Sie sicher, dass Ihr Kind weiß, wo es sie finden und nach Gebrauch aufbewahren kann.

5. Protokoll über erledigte Aufgaben: Stellen Sie ein Notizbuch oder ein Blatt Papier zur Verfügung, in dem die erledigten Aufgaben protokolliert werden. Bitten Sie die Kinder, jedes Mal, wenn sie eine Aufgabe oder Verantwortung erledigt haben, dies zusammen mit Datum und Uhrzeit in das Protokoll einzutragen. Dieses Protokoll hilft dabei, den Fortschritt zu überwachen und ein größeres Bewusstsein für ihre Aktivitäten zu entwickeln.

Kapitel 4 - Die Beziehung zwischen Eltern und Lehrern

Die Erfahrung, Kinder zu unterrichten, kann sowohl für Lehrer als auch für Eltern eine besondere Herausforderung darstellen. Es ist wichtig zu erkennen, dass eine kooperative und kommunikative Beziehung zwischen Eltern und Lehrern den akademischen und sozialen Erfolg des Kindes mit ADHS fördern kann.

In diesem Kapitel werden wir uns einige allgemeine Tipps ansehen, die Ihnen helfen können, eine gute Beziehung zu Ihren Lehrern aufzubauen.

Erkennen der Herausforderungen und Förderung der Qualitäten des Kindes

Für den Aufbau einer soliden Partnerschaft zwischen Eltern und Lehrern ist es entscheidend, dass man sich über die Herausforderungen bei der Arbeit mit einem Kind mit ADHS im Klaren ist. Die Wertschätzung für die Anstrengungen, die zur Bewältigung des Verhaltens des Kindes erforderlich sind, kann eine Grundlage für gegenseitiges Verständnis schaffen. Auch wenn es nicht immer einfach ist, kann das Anerkennen der herausfordernden Eigenschaften des Kindes dazu beitragen, während der Zusammenarbeit eine positive Perspektive zu wahren.

Erkennen und Ansprechen von Bedenken

Eine offene Kommunikation ist unerlässlich, um die Bedenken des Lehrers in Bezug auf das Kind mit ADHS zu erkennen und anzusprechen. Eltern und Lehrer sollten versuchen, problematisches Verhalten zu erkennen und gemeinsam Strategien zur Verbesserung des Verhaltens des Kindes zu entwickeln.

Analysieren und Planen

Sobald problematische Verhaltensweisen erkannt sind, können Eltern und Lehrer die Situationen analysieren, die sie auslösen, und gemeinsam einen Aktionsplan erstellen. Dieser Plan sollte klare und messbare Ziele sowie festgelegte Rollen für Eltern und Lehrer bei der Unterstützung des Kindes bei der Erreichung dieser Ziele enthalten.

Überwachung und Bewertung der Fortschritte
Es ist wichtig, wirksame Methoden zur Überwachung der Fortschritte im Laufe der Zeit einzuführen. Checklisten und regelmäßige Bewertungen können nützliche Instrumente sein, um Verbesserungen zu beobachten und Anpassungen am Interventionsplan vorzunehmen. Eltern und Lehrer sollten regelmäßig zusammenarbeiten, um die Wirksamkeit der angewandten Strategien zu bewerten und bei Bedarf Anpassungen vorzunehmen.

Unterstützung und Würdigung der Bemühungen
Die Anerkennung und Unterstützung der Bemühungen der Lehrkraft bei der Arbeit mit dem Kind mit ADHS ist entscheidend für die Aufrechterhaltung eines kooperativen und positiven Klimas. Eltern und Lehrer sollten Wege finden, sich gegenseitig zu danken und positive Bemühungen zur Unterstützung des Kindes zu fördern.

Aufrechterhaltung einer offenen und respektvollen Kommunikation
Eine offene und respektvolle Kommunikation zwischen Eltern und Lehrern ist wichtig, um Herausforderungen anzusprechen und Konflikte zu lösen, die während der Zusammenarbeit auftreten können. Vermeiden Sie es, die Lehrkraft zu kritisieren oder ihre Handlungen zu beurteilen, um ein Klima des Vertrauens und des gegenseitigen Respekts zu schaffen.

Respektierung der Rollen und Verantwortlichkeiten von Eltern und Lehrern
Es ist wichtig zu erkennen, dass Eltern und Lehrer unterschiedliche Rollen und Verantwortlichkeiten bei der Erziehung des Kindes haben. Während die Lehrer für den schulischen Bereich zuständig sind, sind die Eltern für den häuslichen Bereich verantwortlich. Die Achtung dieser Rollen und die Zusammenarbeit unter Berücksichtigung der Fähigkeiten und Verantwortlichkeiten des jeweils anderen können eine effektive Partnerschaft fördern.

Bei Bedarf Berater einbeziehen
Wenn anhaltende Probleme zusätzliche Unterstützung erfordern, können Eltern und Lehrer erwägen, Berater wie Schulpsychologen oder

Berufsberater hinzuzuziehen. Die Einbeziehung eines Beraters kann eine Expertenperspektive bieten und zusätzliche Ressourcen zur Bewältigung der spezifischen Herausforderungen des Kindes mit ADHS bereitstellen.

Zusammenfassend lässt sich sagen, dass eine wirksame Zusammenarbeit zwischen Eltern und Lehrern von entscheidender Bedeutung ist, um den schulischen und sozialen Erfolg von Kindern mit ADHS zu fördern. Durch offene Kommunikation, gemeinsame Analyse von Herausforderungen und gezielte Planung können Eltern und Lehrer zusammenarbeiten, um ein positives und integratives Lernumfeld für alle Kinder zu schaffen.

Kapitel 5 - Mobbing: Wie kann man Kinder schützen?

Leider ist es nur allzu häufig, dass Kinder mit ADHS im Laufe ihres Heranwachsens Hänseleien, Provokationen oder Mobbing ausgesetzt sind. Trotz der Anti-Mobbing-Strategien in den Schulen und der Bemühungen, das Bewusstsein dafür zu schärfen, werden sich Kinder mit ADHS früher oder später wahrscheinlich als Opfer und/oder Aggressoren wiederfinden. Kinder und Jugendliche sind sich möglicherweise nicht bewusst, dass sie die Grenze zwischen sanften Hänseleien und offenem Mobbing überschritten haben. Was vielleicht als spielerische Interaktion beginnt, kann sich schnell zu einem ernsten Problem entwickeln.

Kinder mit ADHS haben bereits Probleme mit der Impulskontrolle, der Emotionsregulierung und den sozialen Beziehungen. Daher ist es für sie besonders wichtig, den Unterschied zwischen Necken und Provozieren zu verstehen. Außerdem ist es wichtig, dass sie die Grenzen von angemessenem und unangemessenem Verhalten kennen. Diese Kinder und Jugendlichen werden sehr davon profitieren, wenn sie praktische Hilfsmittel für schwierige Situationen mit Gleichaltrigen erlernen, die auf direkter Anweisung, empathischem Nachfragen und Zusammenarbeit beruhen.

Verspottung vs. Provokation

Hänseleien sind eine leichte und lustige Sache, die man mit Freunden oder der Familie macht, mit Menschen, die einem am Herzen liegen, ohne Böswilligkeit. Provokation hingegen ist eine Form von Mobbing. Es ist etwas, das man jemandem antut, den man nicht mag, es ist absichtlich schädlich und beinhaltet Demütigung, Grausamkeit oder Fanatismus. Beim Hänseln lachen Sie MIT der Person, beim Spotten lachen Sie ÜBER die Person.

Betrachten wir einige Beispiele:
Necken: Freunde im Mathematikunterricht für Fortgeschrittene nennen sich gegenseitig "Streber", weil sie gerne schwierige Rechenaufgaben lösen
Verspotten: gemeine und abfällige Bemerkungen über den Akzent oder die Kleidung einer Person machen

Necken geschieht oft mit Humor, beruht auf Gegenseitigkeit, beeinträchtigt nicht das Selbstwertgefühl und hört auf, wenn es nicht mehr lustig ist. Provokation hingegen impliziert bösen Willen und wird fortgesetzt oder sogar noch verstärkt, nachdem der Empfänger verletzt wurde oder darum bittet, die Provokation zu beenden.

Hier sind zwei **Übungen**, mit denen Ihr Kind verstehen kann, was eine Provokation und was eine Neckerei ist:

1. Rollenspiel-Drama

Ablauf:
- Wählen Sie ein alltägliches Thema oder eine Situation, die provokante Reaktionen oder Hänseleien hervorrufen könnte, z. B. die Art, wie sich jemand kleidet oder verhält.
- Laden Sie Ihr Kind und andere Kinder ein, an einem Rollenspiel teilzunehmen, bei dem jeder eine andere Figur spielt.
- Lassen Sie während des Spiels einige Charaktere provokante Bemerkungen gegenüber anderen Charakteren machen, während andere mit scherzhaften, aber nicht beleidigenden Kommentaren antworten.
- Diskutieren Sie am Ende des Spiels gemeinsam über die verschiedenen Arten von Kommentaren und die Reaktionen, die sie hervorgerufen haben. Bitten Sie die Kinder, herauszufinden, welche Kommentare provokativ waren und welche nur ein Scherz waren.

2. Herausforderung der Sensibilität

Alauf:
- Bereiten Sie eine Reihe von hypothetischen Situationen vor, die als provokativ oder spielerisch interpretiert werden könnten.

- Bitten Sie ihn, sich vorzustellen, wie er sich in jeder dieser Situationen fühlen würde, und seine Reaktionen aufzuschreiben oder zu zeichnen.
- Nachdem er die Übung abgeschlossen hat, besprechen Sie gemeinsam die verschiedenen Situationen und die damit verbundenen emotionalen Reaktionen. Bitten Sie ihn, herauszufinden, in welchen Situationen er sich provoziert fühlen würde und in welchen er sich lediglich gehänselt fühlen würde.
- Nutzen Sie diese Gespräche, um den Unterschied zwischen Provokation, die die Gefühle einer Person verletzen kann, und Necken, das leichter und spielerischer ist, zu klären.

Mobbing: Absichten und Arten

Mobbing ist die Absicht, jemanden zu verletzen oder einzuschüchtern, den der Mobber als schwach, verletzlich und unfähig, sich zu wehren, wahrnimmt. Es handelt sich um eine wiederholte, gezielte und aggressive Handlung, die durch die Androhung weiterer Feindseligkeiten Schaden oder Angst verursachen soll.

Mobbing kann verschiedene Formen annehmen:
physische Aggression (körperliche Verletzung von Menschen);
relationale Aggression (Verbreitung von Gerüchten, Ausgrenzung, Verbreitung von Klatsch und Tratsch, Verspottung und Veranlassung von Menschen, sich gegen andere zu "verbünden")
Soziale Medien, Telefongespräche und E-Mails können die Aggression in der Beziehung aufrechterhalten. Darüber hinaus kann die digitale 24/7-Konnektivität dazu führen, dass jemand das Gefühl hat, keinen sicheren Raum für sich selbst zu haben.

ADHS und Mobbing

Oft sind die Rollen von Tyrann und Opfer fließend. Kinder, die sich unsicher fühlen oder sich von anderen unterscheiden, werden eher einmal zum Aggressor und ein anderes Mal zum Opfer. Kinder und Jugendliche mit ADHS können aufgrund bestimmter Verhaltensweisen, zu denen sie neigen, leichter zur Zielscheibe von Tyrannen werden. Dazu gehören Impulsivität, Ungeschicklichkeit, soziale Ängste, akademische Schwierigkeiten und Schamgefühl. Sie können auch ein vermindertes Bewusstsein für persönlichen Raum, Grenzen und soziale Signale entwickeln.

So können Kinder mit ADHS beispielsweise Schwierigkeiten haben, mit unangenehmen Gesprächen umzugehen und die Körpersprache zu deuten, oder sie haben Schwierigkeiten zu erkennen, wann sie in Gefahr sind, angegriffen zu werden. Die gleiche Impulsivität und die sozialen Probleme, die Kinder mit ADHS eher zu Zielscheiben machen, können jedoch auch dazu führen, dass sie ihre Frustration an anderen auslassen und aggressiver werden. Infolgedessen können sie selbst zu Tyrannen werden.

Warum hänseln sich Kinder gegenseitig?
Es ist von entscheidender Bedeutung, die dem Mobbing zugrunde liegenden Ursachen zu verstehen, um wirksam reagieren zu können. Bei Mobbing geht es oft um Machtkämpfe und das Bedürfnis einiger Kinder, die Oberhand zu gewinnen, ungeachtet der Konsequenzen.

Obwohl Mobber die eindeutigen Aggressoren sind, ist es wichtig zu beachten, dass die "Enthalter" (diejenigen, die zusehen und Mobbing ohne Hilfe zulassen) ebenso verantwortlich sind. Die Zuschauer erlauben dem Aggressor, Schaden anzurichten, und ermächtigen ihn dazu. Obwohl sie vielleicht nicht mit ihren Worten oder Taten quälen, sind die Zuschauer genauso mitschuldig. Ihre Beweggründe sind ebenso komplex.

Die häufigsten Ursachen für Mobbing sind:
- Der Wunsch, sich anzupassen/von den "coolen" oder "beliebten" Jungs akzeptiert zu werden - "Ich möchte gemocht werden."
- Gruppenzwang - "Wenn andere es tun, kann ich es auch."
- Ein Abwehrmechanismus - "Wenn ich andere schikaniere, werden andere mich nicht schikanieren."
- Ein Weg, um den sozialen Status zu erhöhen - "Ich fühle mich stärker/klüger/besser, wenn ich andere herabsetze."

Werkzeuge für Kinder und Jugendliche, um auf Mobbing zu reagieren

Wenn Ihr Kind gemobbt wird, können Sie es mit diesen wirksamen Interventionen unterrichten und unterstützen.

Handlungen:
1. Ermutigen Sie Ihr Kind, auf nicht provokative Weise mit sich selbst zu sprechen, um seine Stärke zu bestätigen.
2. Erinnern Sie ihn daran, dass er nicht allein ist, auch wenn er sich schikaniert oder sogar isoliert fühlt. Weisen Sie ihn auf seine echten Freunde hin und ermutigen Sie ihn, Zeit miteinander zu verbringen. Bei jüngeren Kindern können Sie diese Treffen moderieren, bei älteren Kindern könnte ein intensives Analysieren zu möglichen Ideen führen.
3. Er sucht nach Möglichkeiten, wie er seinen wahren Freunden in Zeiten der Not beistehen kann. Dies kann in schwierigen sozialen Situationen hilfreich sein, die ein potenzielles Umfeld für Mobbing darstellen könnten. Besprechen Sie auch die genauen Techniken und Ausdrücke, die man verwenden kann, um sich aus einer unangenehmen Situation zu befreien. Verwenden Sie Rollenspiele, um sie zu üben.
4. Helfen Sie ihm, sein eigenes Verhalten zu überwachen. Seine Handlungen können unbewusst negative Reaktionen bei anderen hervorrufen. Andererseits könnte er auf irgendeine Weise aggressiv sein. Helfen Sie ihm, sich selbst der Äußerungen, Handlungen oder Gesichtsausdrücke bewusst zu werden, die als feindselig fehlinterpretiert werden könnten.
5. Sprechen Sie mit den Lehrern über die Förderung von Beziehungen durch Schulkooperationen bei Projekten oder durch das Zusammensitzen mit Gleichgesinnten. Beziehen Sie die schulische Unterstützung in die Förderung positiver Beziehungen ein und stellen Sie sicher, dass Sie sich der sozialen Dynamik, mit der Ihr Kind konfrontiert ist, bewusst sind.
6. Erstellen Sie einen Sicherheitsplan, der festlegt, was zu sagen oder zu tun ist, wenn Mobbing persönlich oder online auftritt. Dieser Plan sollte Folgendes beinhalten:
    - Mit wem kann ich sprechen (einem Freund oder Erwachsenen)?
    - An wen kann ich mich in der Schule wenden (das Büro, die Krankenschwester oder den Vertrauenslehrer)?
    - Was kann ich tun, um mich selbst zu schützen?
    - Wie kann ich die Reaktionen minimieren?

Hier sind 10 **Übungen**, um auf Mobbing zu reagieren:

1. Erzähl deine Geschichte:

Es lädt Kinder dazu ein, ihre persönlichen Erfahrungen mit Mobbing zu teilen, sowohl als Opfer als auch als Zuschauer.
Anschließend wird eine Diskussion darüber angeregt, wie sie sich gefühlt haben und welche Strategien nützlich sein könnten, um mit ähnlichen Situationen in Zukunft umzugehen.

2. Rollenspiel-Drama "Perspektive wechseln":

Organisieren Sie ein Theaterstück, in dem die Kinder verschiedene Rollen im Zusammenhang mit Mobbing spielen, darunter Mobber, Opfer und Zuschauer.
Bitten Sie die SchülerInnen nach der Aufführung, die Gefühle und Perspektiven der verschiedenen Figuren zu diskutieren und Vorschläge zu machen, wie ein sichereres und respektvolleres Schulumfeld geschaffen werden kann.

3. Wand des Lobes:

Erstellen Sie eine "Lobwand" im Klassenzimmer oder in der Schule, wo die Kinder Post-its mit positiven Botschaften und Komplimenten für ihre Mitschüler aufkleben können.
Diese Übung fördert Freundlichkeit und Einfühlungsvermögen und trägt zu einem integrativen und unterstützenden Schulumfeld bei.

4. Simulation von Mobbing-Situationen:

Organisieren Sie Simulationen von Mobbing-Situationen, in denen die Kinder selbstbewusste Reaktionen auf Provokationen oder Belästigungen üben können.
Geben Sie ihnen Beispiele für angemessene Ausdrücke und Verhaltensweisen, die sie verwenden können, wenn sie mit Mobbingsituationen konfrontiert werden.

5. Erstellen kreativer Lösungen:

Leiten Sie die Kinder zu einem intensiven Nachdenken über mögliche kreative Lösungen für den Umgang mit Mobbing in ihrer Schule oder Gemeinde an.

Fördern Sie die Diskussion über innovative Ideen, wie z. B. die Erstellung von Kunstwerken oder die Produktion von Lehrvideos, um das Bewusstsein für Mobbing zu schärfen.

6. "Kreis der Freundlichkeit":
Organisieren Sie eine Reihe praktischer Aktivitäten, die Freundlichkeit und Empathie fördern, wie z. B. die ehrenamtliche Arbeit in einem Tierheim oder das Schreiben von Dankesbriefen an Gemeindemitglieder.
Diese Aktivitäten helfen den Kindern, ein Gefühl der Zugehörigkeit und Solidarität zu entwickeln und wirken so aggressivem Verhalten und Mobbing entgegen.

7. Training sozialer Fertigkeiten:
Bieten Sie Trainingseinheiten für soziale Fähigkeiten an, in denen Kinder lernen, effektiv zu kommunizieren, Konflikte zu bewältigen und positive Beziehungen zu Gleichaltrigen aufzubauen.
Soziale Kompetenzen verbessern das Selbstwertgefühl und machen Kinder widerstandsfähiger gegen Mobbing.

8. Projekt "Freunde der Verteidigung":
Es ermutigt Kinder, "Friends Defence"-Gruppen zu bilden, um sich gegenseitig zu unterstützen und sich gegen Mobbing zu wehren.
Die Gruppenmitglieder können sich verpflichten, einzugreifen, wenn sie Mobbing-Situationen sehen, und die Opfer durch emotionale Unterstützung und Solidarität zu unterstützen.

9. Aktivität zur Selbstreflexion:
Bieten Sie den Kindern Übungen zur Selbstreflexion an, die ihnen helfen, ihr eigenes Verhalten zu überprüfen und Wege zu finden, wie sie den Respekt und die Freundlichkeit gegenüber anderen verbessern können.
Die Selbstreflexion fördert das Bewusstsein für sich selbst und andere und unterstützt eine Kultur des Respekts und der Toleranz.

10. Unterstützung der Rollen der Führungskräfte:
Identifizierung und Unterstützung von Kindern, die Führungsqualitäten und Initiative bei der Förderung eines positiven und respektvollen Schulumfelds zeigen.

Bieten Sie ihnen die Möglichkeit, eine Führungsrolle zu übernehmen, z. B. als Mentor unter Gleichaltrigen oder in Schülerausschüssen, um Anti-Mobbing-Bemühungen in der Schule anzuführen.

Mehr Vertrauen, weniger Konflikte

Ein starkes Selbstbewusstsein verhindert nicht nur, dass Ihr Kind zum Mobbingopfer wird, sondern ermöglicht es ihm auch, wirksam zu reagieren, wenn es von anderen gemobbt wird. Fördern Sie das Selbstvertrauen Ihres Kindes oder Jugendlichen, indem Sie seine Interessen und Fähigkeiten herausfinden. Helfen Sie ihm, Fähigkeiten und Stolz in diesen Bereichen zu entwickeln. Achten Sie darauf, dass Sie seine Bemühungen und Leistungen anerkennen. Dies sind die wichtigsten Grundlagen, die dazu beitragen, das Selbstwertgefühl zu stärken und sich gegen die Grausamkeiten von Provokationen und Mobbing zu wehren.

Bei Mobbing ist es wahrscheinlich, dass mehrere Zuschauer Zeuge eines bestimmten Vorfalls von Belästigung werden. Menschen können eine Gruppenentscheidung oder -handlung entgegen ihrem eigenen Urteil oder ihren eigenen Werten akzeptieren. In einer Gruppe sind die Menschen oft weniger einfühlsam und fürsorglich als im Einzelfall.

Was bewegt sie also dazu, sich auf die Seite des Tyrannen und nicht auf die des Opfers zu stellen? Meistens ist es Angst/Furcht vor:
- selbst verletzt zu werden, wenn sie das Opfer verteidigen
- das nächste Ziel des Tyrannen zu werden
- etwas zu tun, das die Situation nur verschlimmert
- nicht zu wissen, was zu tun ist oder wen man um Hilfe bitten kann
- den Ruf zu bekommen, ein "Petzer" zu sein

Glücklicherweise können wir diese Ängste überwinden. Wenn wir erst einmal verstanden haben, warum wir Angst haben zu handeln und welche Folgen es hat, wenn wir nicht helfen, ist es leicht, den Mut und das Mitgefühl aufzubringen, das Richtige zu tun.

Warum es wichtig ist, gegen Mobbing vorzugehen
Gemobbte Kinder können schließlich selbst zu Mobbern werden, wodurch der Kreislauf der Grausamkeit fortgesetzt wird. Daher sind Maßnahmen zur Unterbindung von Mobbing ein wichtiger Schritt, um diesen Kreislauf zu durchbrechen.
Das meiste Mobbing geschieht unter dem Radar der Erwachsenen, sei es in der Schule, in der Nachbarschaft oder im Internet. Kinder wollen es nicht melden, weil es ein großes Stigma ist, ein "Geheimnis" zu haben.

Cybermobbing
Cybermobbing hat sich zu einem ernsthaften Risiko für psychische Probleme bei Jugendlichen entwickelt. Kinder und Jugendliche, die Opfer von Cybermobbing wurden, berichteten über ein höheres Maß an Depressionen und Selbstmordgedanken sowie über größere emotionale Belastung, Feindseligkeit und Delinquenz als Gleichaltrige, die nicht gemobbt wurden. Schülerinnen und Schüler berichten sehr häufig, dass körperliches Aussehen, Rasse/ethnische Zugehörigkeit, Geschlecht, Behinderung, Religion und sexuelle Orientierung Gründe dafür sind, dass sie zur Zielscheibe von Mobbern werden. (Nationales Zentrum für Bildungsstatistik, 2019)

Die Daten
Die jüngsten Statistiken über Mobbing verdeutlichen das Ausmaß des Problems:
Einer von fünf Schülern (20,2 %) gibt an, gemobbt worden zu sein (Nationales Zentrum für Bildungsstatistik, 2019).
41 % der Schüler, die berichteten, in der Schule gemobbt worden zu sein, gaben an, dass sie glaubten, das Mobbing würde wieder passieren (National Center for Educational Statistics, 2019).
49,8 % der Grundschulkinder (im Alter von 9 bis 12 Jahren) gaben an, in der Schule gemobbt zu werden, und 14,5 % dieser Kinder berichteten, dass sie online gemobbt wurden (Patchin & Hinduja, 2020).
Es gibt jedoch auch ermutigende Daten. Mobbing-Präventionsprogramme in Schulen reduzieren Mobbing um bis zu 25% (McCallion & Feder, 2013). Familien können die Anti-Mobbing-Erziehung in Schulen unterstützen,

indem sie Mobbing zu Hause besprechen. Den Schülern bewusst zu machen, dass es bessere Alternativen zur Zuschauerrolle gibt, ist ein wichtiger Bestandteil der Erziehung gesunder und widerstandsfähiger Kinder. Es trägt auch dazu bei, eine sicherere und unterstützende Gemeinschaft zu schaffen, in der sie sich entfalten können.

Wie man lehrt, sich für Mobbingopfer einzusetzen

Wir können Kindern und Jugendlichen beibringen, zu erkennen, wann sie sich in der Rolle des Zuschauers befinden. Wir können ihnen helfen, ihre Ängste zu überwinden und sie zum Handeln ermutigen.

Kinder mit ADHS wissen nur zu gut, wie schlimm es ist, gehänselt zu werden und sich hilflos zu fühlen. Daher ist die Unterstützung neurodiverser Kinder bei der Erkennung dieser Gefühle der erste Schritt, um ihr Einfühlungsvermögen zur Unterstützung ihrer Altersgenossen zu nutzen.

Ermutigen Sie Ihr Kind, Situationen zu erkennen, in denen es ein Zuschauer ist. Bitten Sie es, über seine Gefühle zu dem, was es sieht, nachzudenken. Sorgen Sie dafür, dass seine Eltern, Lehrer und andere Personen auf es aufpassen.

Sagen Sie ihm vor allem, wie stolz Sie auf ihn sind, wenn er Mitgefühl zeigt und dazu beiträgt, Mobbing durch Präventions- und Interventionsmaßnahmen zu bekämpfen.

Lesen Sie Ihrem Kind diese Präventionsmaßnahmen vor. Sie umfassen:
- Inklusion, indem sie andere zur Teilnahme an ihren Aktivitäten und Gruppen einladen
- Ein pro-soziales Vorbild sein, indem man Freundlichkeit, Respekt und Empathie für andere zeigt
- Spazierengehen oder Sitzen mit gefährdeten Kindern, die Ziel von Mobbing sein könnten
- Teilnahme an Mobbing-Präventionsmaßnahmen in der Schule oder in der Gemeinde

Zu den Interventionen während eines Mobbingvorfalls können gehören:

- das Ziel von Mobbing verbal oder durch körperliche Nähe zum Opfer verteidigen
- Eingreifen in einer Gruppe
- Mit Humor eine ernste Situation auflockern
- Offenes Bekenntnis zur Ablehnung von Mobbing

Umgang mit Mobbing, nachdem es aufgetreten ist:
- Sich privat an das Mobbingopfer wenden, um seine Unterstützung und Besorgnis auszudrücken
- Das Mobbingopfer einladen, mit in die Schule/Klasse zu kommen
- Der Zielperson anbieten, beim Mittagessen oder im Bus neben ihr zu sitzen
- Das Mobbing einem vertrauenswürdigen Erwachsenen, einem Elternteil, einem Lehrer oder der Schulleitung melden

Buch 4: Leben mit ADHS: Ein Handbuch für Eltern
Kapitel 1 - ADHS und Pubertät

ADHS oder Aufmerksamkeitsdefizit-/Hyperaktivitätsstörung ist eine häufige neurologische Verhaltensstörung, die Kinder und Jugendliche betrifft. Wer unter ADHS leidet, hat Schwierigkeiten mit den exekutiven Funktionen, d. h. er hat Schwierigkeiten, sich zu konzentrieren, aufmerksam zu sein und die Zeit einzuteilen. ADHS wirkt sich auf alle Lebensbereiche einer Person aus, einschließlich schulischer, familiärer und sozialer Aspekte.

Den meisten Kindern gelingt es nicht, ADHS zu überwinden, wenn sie das Jugendalter erreichen. Einige der Hauptsymptome von ADHS bleiben bestehen, aber einige können subtiler werden, z. B. solche, die mit Hyperaktivität zusammenhängen, während sich andere Symptome verstärken können, wenn sich die schulischen und sozialen Anforderungen ändern. Den "typischen Jugendlichen mit ADHS" gibt es nicht, und die Symptome können je nach Umfeld oder persönlichen Stärken und Schwächen von Person zu Person variieren.

Zusätzlich zu den hormonellen Veränderungen, den höheren schulischen Erwartungen und dem sozialen Druck können sich die ADHS-Symptome verschlimmern, wenn das Kind in die Pubertät kommt. Entwicklungsbedingt wird von Heranwachsenden erwartet, dass sie mit mehr Unabhängigkeit und weniger Struktur umgehen können. Gleichzeitig können Jugendliche mit ADHS im Unterricht unaufmerksam sein, unruhig werden, Lehrbücher verlieren usw., was es schwierig macht, gute Noten zu erzielen.
Im sozialen Bereich haben sie möglicherweise mit Gruppendruck, einer beeinträchtigten emotionalen Funktion und riskantem Verhalten zu kämpfen, was zu Mobbing und weniger erfolgreichen Freundschaften führen kann. Es kann ihnen auch peinlich sein, ADHS zu haben, und sie

lehnen eine Behandlung ab oder vermeiden sie, um sich an Gleichaltrige anzupassen.

Während viele Teenager die Freiheit und Aufregung genießen, die mit dem Erwerb des Führerscheins einhergehen, kann das Autofahren für Jugendliche mit ADHS eine Herausforderung sein. Unaufmerksamkeit und impulsive oder langsame Reaktionen können das Fahren besonders gefährlich machen. Untersuchungen zeigen, dass jugendliche Fahrer mit ADHS ein höheres Risiko für Unfälle und Bußgelder haben. Darüber hinaus sind auch andere riskante Verhaltensweisen wie Rauchen, Drogenmissbrauch oder ungeschützte sexuelle Handlungen wahrscheinlicher.

Wie können Eltern ihren Kindern also helfen, den Übergang zur Pubertät zu bewältigen? Hier sind einige Schritte, die man beachten sollte:

- Stellen Sie sicher, dass er Zugang zu den Programmen, Tutoren und der Unterstützung hat, die er in der Schule benötigt.
- Bieten Sie ihnen Möglichkeiten für strukturierte soziale Aktivitäten, bei denen sie in einem einigermaßen kontrollierten Umfeld positive soziale Interaktionen haben können.
- Unterstützen Sie ihn bei Aktivitäten, in denen er gut ist, damit er Selbstvertrauen gewinnt.
- Geben Sie klare und konsequente Anweisungen, einschließlich Erwartungen und Grenzen zu Hause.
- Schaffen Sie eine Routine für Ihr Zuhause.
- Sorgen Sie dafür, dass er genügend Bewegung und Schlaf bekommt.
- Lassen Sie es wegen der ADHS-Symptome behandeln. Ihr Kind braucht möglicherweise ADHS-Medikamente, eine Verhaltenstherapie oder eine Kombination aus beidem. Lassen Sie sich professionell beraten, um herauszufinden, welche Behandlung am besten geeignet ist.
- Halten Sie sich an den Behandlungsplan. Sobald die Behandlung festgelegt ist, sollten Sie sich daran halten.
- Vergewissern Sie sich, dass er/sie weiß, dass ADHS nicht seine/ihre Schuld ist. Seien Sie geduldig, offen, unterstützend

und mitfühlend. Bleiben Sie in Kontakt und suchen Sie gemeinsam nach Lösungen.

Die Pubertät kann für jeden Teenager eine schwierige Zeit sein. Aber junge Menschen mit ADHS sind mit vielen zusätzlichen Hindernissen konfrontiert. Mit liebevoller Unterstützung, einem Behandlungsplan und einer konsequenten Struktur kann Ihr Kind nicht nur lernen, mit den ADHS-Symptomen umzugehen, sondern auch selbständig erfolgreich zu sein.

Symptome von ADHS bei Jugendlichen
Obwohl sich die Symptome je nach ADHS-Subtyp - unaufmerksam, hyperaktiv/impulsiv oder kombiniert - und Komorbiditäten unterscheiden, treten bei Jugendlichen mit ADHS einige oder alle der folgenden Symptome häufiger auf als bei anderen Jugendlichen in ihrem Alter:

- Ablenkbarkeit und Konzentrationsschwäche
- Desorganisation und Vergesslichkeit
- Egozentrisches Verhalten
- Hyperaktivität und Unruhe
- Erhöhte Emotionalität und ablehnungsempfindliche Dysphorie
- Impulsivität und schlechte Entscheidungsfähigkeit
- Konzentrationsschwäche und Schwierigkeiten bei der Erledigung von Aufgaben

ADHS-Symptome bei Heranwachsenden
Trotz ihrer chronischen Schwierigkeiten mit diesen Symptomen (siehe oben) haben praktisch alle Menschen mit ADHS einige spezifische Aktivitäten oder Aufgaben, bei denen sie Schwierigkeiten haben, ihre exekutiven Funktionen gut genug auszuüben, was bei Eltern, Ärzten usw. und Psychologen für Verwirrung sorgen kann. Dabei kann es sich um einen Lieblingssport oder Videospiele handeln, um Kunst, Musik oder eine andere Lieblingsbeschäftigung. Angesichts dieser Ausnahmen gehen manche Eltern davon aus, dass es sich bei ADHS einfach um einen Mangel an Willenskraft handelt, obwohl ADHS in Wirklichkeit kein Willenskraftproblem ist. Es handelt sich um eine Störung der chemischen Dynamik des Gehirns.

Wie häufig sind ADHS-Symptome bei Jugendlichen?
Die Zentren für Krankheitskontrolle und -prävention (CDC) berichten, dass bei etwa 9,4 % der US-Kinder im Alter zwischen 2 und 17 Jahren ADHS diagnostiziert wurde, was es zu einer der am häufigsten diagnostizierten neurologischen Entwicklungsstörungen macht. Experten gehen davon aus, dass 80 bis 85 % der Vorpubertierenden auch in der Pubertät Symptome zeigen und dass 60 % der Kinder mit ADHS zu Erwachsenen mit ADHS werden. Die Auswirkungen der ADHS-Symptome können im Laufe der Zeit zunehmen oder abnehmen, je nach der individuellen Gehirnentwicklung und den spezifischen Herausforderungen in der Schule oder am Arbeitsplatz.

Wie verschlimmern sich die ADHS-Symptome bei Jugendlichen während der Pubertät?
Die Teenagerjahre sind anstrengend, sowohl für Teenager als auch für ihre Eltern. Selbst der am besten angepasste Jugendliche kämpft mit Gruppendruck, akademischen Erwartungen und emotionalen und körperlichen Veränderungen. Jugendliche mit ADHS sehen sich mit zusätzlichen Herausforderungen konfrontiert: Die Pubertät verschlimmert ihre Symptome, das Studium belastet ihre exekutiven Funktionen, und der Drang nach Unabhängigkeit löst manchmal ihre gefährliche Impulsivität aus, gerade wenn sie vor vorübergehenden Meilensteinen stehen, wie z. B. dem Erlernen des Autofahrens, der Aufnahme sexueller Aktivitäten, dem Experimentieren mit Drogen und Alkohol und dem Aufbau von Beziehungen zu neuen oder anderen Freunden. Für viele Familien ist der Übergang zum Erwachsenwerden eine holprige Angelegenheit.

Eltern, die mit diesen Herausforderungen konfrontiert sind, profitieren von einer engen Zusammenarbeit mit den Schulbehörden und der Suche nach einem erfahrenen Betreuer. Mit einer Behandlung - empfohlen wird eine Kombination aus Medikamenten, Verhaltenstherapie und Familienmanagementtraining - und einem frühzeitigen Eingreifen können Eltern ihren Kindern helfen, das Risiko negativer Folgen zu vermeiden oder zu minimieren.

Viele der Probleme, die Teenager zu Hause, in der Schule und im sozialen Umfeld haben, sind auf neurologische Verzögerungen zurückzuführen.

ADHS steht im Zusammenhang mit schwachen exekutiven Fähigkeiten - den Gehirnfunktionen, die Jugendlichen helfen, ihr Verhalten zu regulieren, Ziele zu setzen und zu erreichen, Wünsche und Verantwortlichkeiten in Einklang zu bringen und zu lernen, unabhängig zu funktionieren. Eine exekutive Dysfunktion beeinträchtigt die folgenden Schlüsselkompetenzen, die für den Erfolg in der Schule und im Leben entscheidend sind:

- Reaktionshemmung (in der Lage sein, eine Handlung zu stoppen, wenn sich Situationen plötzlich ändern)
- Emotionale Kontrolle
- Flexibilität
- Anhaltende Aufmerksamkeit
- Beginnen der Aufgabe
- Planung/Prioritätensetzung, Organisation
- Zeitmanagement
- Zielgerichtete Ausdauer (Aufrechterhaltung einer Aufgabe, wenn sie "langweilig" oder schwierig wird)
- Metakognition (das Bewusstsein und Verständnis der eigenen mentalen Prozesse)

Im Durchschnitt entwickeln sich diese exekutiven Fähigkeiten erst im Alter von 20 Jahren vollständig. Bei Jugendlichen mit ADHS ist die Zeitspanne drei bis fünf Jahre länger, und sie haben eher Schwierigkeiten mit Aufgaben, die exekutive Funktionen erfordern. In der Zwischenzeit werden Jugendliche mit ADHS zu Unrecht als faul oder widerspenstig abgestempelt, weil diese neurologischen Defizite weitgehend unsichtbar sind und missverstanden werden.

Während ihr Körper wächst und sich verändert, neigen Jugendliche mit ADHS dazu, auch in der emotionalen Reife hinter ihren Altersgenossen zurückzubleiben.

Wie werden die Symptome diagnostiziert?
ADHS wird häufig in der Grundschule diagnostiziert. Das Durchschnittsalter für die Diagnose liegt bei 7 Jahren. Wenn Ihr Kind jedoch an einer unaufmerksamen Form von ADHS leidet, wie dies häufig bei Mädchen der Fall ist (es schaut still aus dem Fenster, anstatt dem

Unterricht Aufmerksamkeit zu schenken, oder lässt Arbeiten unerledigt), werden die Anzeichen in der Grundschule möglicherweise nicht erkannt: ADHS tritt nicht auf. ADHS entwickelt sich nicht plötzlich in der Pubertät, sondern kann sich erst in den Herausforderungen der Oberstufe voll entfalten. Bei einigen Jugendlichen treten die Symptome erst dann deutlich zutage, wenn sie das Elternhaus verlassen und ein Studium beginnen. Forschungsergebnissen zufolge wird bei Männern in der Kindheit sechsmal häufiger eine ADHS-Diagnose gestellt als bei Frauen und dreimal häufiger in der Pubertät.

Um die Diagnose zu erhalten, muss ein Jugendlicher eine Vorgeschichte von ADHS-Symptomen in mindestens zwei Bereichen (in der Regel zu Hause und in der Schule) aufweisen, die vor dem 12. Lebensjahr auftraten. Darüber hinaus müssen die Symptome das Verhalten oder die Entwicklung beeinträchtigen.

Die Diagnose wird selten durch einen schnellen Besuch bei einem allgemeinen Kinderarzt gestellt. Für eine korrekte Diagnose müssen Informationen von Eltern, Lehrern und Verwandten eingeholt, Checklisten erstellt und eine medizinische Untersuchung (einschließlich Seh- und Hörtest) durchgeführt werden, um mögliche medizinische Probleme und Differentialdiagnosen auszuschließen.

Laut dem Journal of Adolescent Health ist die Beurteilung von ADHS bei Jugendlichen eine Herausforderung, da der Zugang zu Kinderärzten, die psychische Probleme behandeln, sehr unterschiedlich ist. Erschwerend kommt hinzu, dass viele Hausärzte nicht ausreichend in den Besonderheiten von ADHS und den sich überschneidenden Begleiterkrankungen geschult und daher nicht in der Lage sind, die erforderliche gründliche Untersuchung durchzuführen. Die Diagnoseraten nehmen mit dem Alter der Kinder bis zur Mittel- und Oberstufe ab.

Welches sind die größten Risiken für Jugendliche mit ADHS?
Die Gruppe der Teenager ist dafür bekannt, dass sie schlechte Entscheidungen treffen. Zu den größten Risiken gehören:
- Drogenkonsum und gewohnheitsmäßiger Missbrauch

- ungewollte Schwangerschaft
- Sexuell übertragbare Krankheiten
- niedrigere Testergebnisse
- höhere Raten von Nichtabschlüssen in der Oberstufe
- beklagenswerte Nutzung des Internets und der sozialen Medien
- schwere Autounfälle

Aufgrund der Beliebtheit des Rauchens gibt es erneut Bedenken hinsichtlich Nikotin und Marihuana und der schwächeren Auswirkungen, die diese Substanzen auf das ADHS-Gehirn haben können.
Vielleicht noch gefährlicher ist jedoch die Tatsache, dass die Impulsivität von ADHS - verstärkt durch den Druck von Gleichaltrigen und die Unterbrechung der Behandlung - Jugendliche dazu verleiten kann, sehr unüberlegte und potenziell tödliche Entscheidungen zu treffen. Die Forschung kommt zu dem überwältigenden Schluss, dass die langfristige Einnahme von ADHS-Medikamenten das Risiko unangemessener und/oder impulsiver Entscheidungen bei Jugendlichen verringert.

Um dieser Bedrohung entgegenzuwirken, brauchen Teenager ständige Anleitung. Wie schwierig es auch sein mag, die Eltern müssen die Kommunikation offen halten, das Verhalten ihrer Kinder sorgfältig überwachen und klare Grenzen setzen.

Eine kürzlich durchgeführte Studie ergab, dass Hausärzte ihre jugendlichen ADHS-Patienten im Rahmen von Vorsorgeuntersuchungen und Krankenbesuchen nicht über Fahrtauglichkeit, riskantes Sexualverhalten und Medikamentenmissbrauch aufklären und beurteilen. Schulberater und Ärzte ersetzen nicht die Beratung durch einen Betreuer und schwierige Fragen zu sexuellen Aktivitäten, sicherem Fahren, Drogen- und Alkoholkonsum.
Im Folgenden sind die häufigsten und potenziell gefährlichsten Problembereiche für Jugendliche mit ADHS aufgeführt:

1. **Drogen- und Alkoholmissbrauch bei Jugendlichen mit ADHS**

Das Bedürfnis der Jugendlichen, dazuzugehören, erhöht das Risiko des Alkohol- und Drogenkonsums. Ein geringes Selbstwertgefühl macht sie anfälliger für Gruppendruck. Die drei häufigsten Todesursachen bei Jugendlichen sind Unfälle (unbeabsichtigte Verletzungen), Tötung und Selbstmord. Leider ist bei allen Ursachen häufig Alkohol im Spiel.

Die meisten Untersuchungen zeigen keinen eindeutigen Zusammenhang zwischen einem höheren Alkoholkonsum bei Jugendlichen mit ADHS im Vergleich zu Gleichaltrigen ohne ADHS. In einer Studie wurde jedoch festgestellt, dass 40 % der Kinder mit ADHS vor ihrem 15. Lebensjahr Alkohol konsumiert hatten, verglichen mit nur 22 % der Kinder ohne ADHS. Darüber hinaus zeigen Studien einen hohen Alkoholkonsum bei Jugendlichen, die sowohl an ADHS als auch an einer oppositionellen Trotzstörung leiden.

Weitere Untersuchungen sind erforderlich, aber Eltern sollten auf die folgenden Anzeichen von Drogenmissbrauch achten:
- Plötzliche und dramatische Stimmungsschwankungen, insbesondere nach einer Nacht mit Freunden
- Rote oder schwere Augen mit geweiteten Pupillen
- Täuschung und Geheimhaltung; Geschichten, die keinen Sinn ergeben

2. Autounfälle und Heranwachsende mit ADHS

Autofahren zu lernen ist für die meisten Eltern eine beängstigende Zeit. Wenn Sie einen Teenager mit ADHS haben, ist die Angst mehr als berechtigt. Autounfälle (als Kategorie) sind die häufigste Todesursache bei Teenagern. Untersuchungen zeigen, dass unbehandeltes ADHS aufgrund der Hauptsymptome Ablenkbarkeit, Unaufmerksamkeit und Impulsivität die Fahrtüchtigkeit eher beeinträchtigt.

Eine 2019 vom Children's Hospital of Philadelphia (CHOP) durchgeführte und in der Fachzeitschrift Pediatrics veröffentlichte Studie ergab, dass Fahrer mit ADHS eine um 62 % höhere Rate an Unfällen mit Verletzungen und eine um 109 % höhere Rate an alkoholbedingten Unfällen aufweisen als ihre neurotypischen Kollegen.

Darüber hinaus scheint die Heraufsetzung des Mindestalters für das Führen eines Fahrzeugs auf 18 Jahre das Problem nicht zu lösen, da viele staatliche Gesetze zum Schutz von Fahranfängern - strengere Strafen für die Benutzung von Telefonen, Beschränkungen für die Anzahl der im Fahrzeug zugelassenen Fahrgäste usw. - nicht gelten für Fahrer, die 18 Jahre oder älter sind.

Da sich die exekutiven Fähigkeiten und die emotionale Reife bei Kindern mit ADHS deutlich verzögern können, müssen Eltern sorgfältig abwägen, ob ihre Teenager reif genug sind, um Auto zu fahren. Während einige Jugendliche mit ADHS sehr aufmerksame Fahrer sind, sind andere noch nicht bereit, sicher Auto zu fahren. Hohe Impulsivität und Emotionalität können darauf hindeuten, dass das Kind für diese Verantwortung nicht bereit ist.

3. Drogenkonsum bei Jugendlichen mit ADHS

Der Konsum von Medikamenten ist ein ernstes und allzu häufiges Problem auf dem Campus von Gymnasien und Universitäten, wo aufputschende Medikamente als Lern- oder Diätmittel missbraucht werden können. Alarmierende 25 % der Mittel- und Oberstufenschüler (und 50 % der Universitätsstudenten), bei denen ADHS diagnostiziert wurde, wurden im letzten Jahr kontaktiert, um ihre Stimulanzien zu verkaufen, zu tauschen oder zu verschenken.

Vielen Jugendlichen mit ADHS sind sich der schwerwiegenden persönlichen, rechtlichen und finanziellen Folgen des Verkaufs oder der Weitergabe ihrer Drogen nicht bewusst.

Die Eltern sollten die ernsten Risiken der Abzweigung von Medikamenten erklären und ein wachsames Auge darauf haben, ob ihr Kind Pillenwünsche hat oder Anzeichen von Drogenmissbrauch zeigt. Die Wiederaufnahme des Kontakts zwischen dem Teenager und dem verschreibenden Arzt, wenn Probleme auftreten, ermöglicht es, das Verständnis und die Akzeptanz für ADHS und die zur Behandlung verabreichten Medikamente aufrechtzuerhalten.

Komorbide Erkrankungen bei Jugendlichen mit ADHS
Angst- und Stimmungsstörungen sind häufige Begleiterkrankungen, die häufig erstmals im Alter zwischen 8 und 12 Jahren zusammen mit ADHS

auftreten. Jugendliche mit ADHS haben ein erhöhtes Risiko, diese Störungen zu entwickeln.

Häufige Anzeichen für Depressionen und Angstzustände sind unter anderem die folgenden:
- Verlust von Interesse oder Freude an gewohnten Aktivitäten
- Gefühle von Wertlosigkeit oder Schuld
- Fixierung auf vergangene Misserfolge und Schuldgefühle
- Extreme Empfindlichkeit gegenüber Ablehnung oder Misserfolg
- Veränderungen des Appetits
- Selbstverletzungen wie Schneiden oder Verbrennen

Oppositionelles Trotzverhalten und Verhaltensstörungen, zwei weitere häufige Komorbiditäten von ADHS bei Jugendlichen, sind durch antisoziales, feindseliges und ungewöhnlich widersprüchliches Verhalten gekennzeichnet. Diese Störungen können Jugendliche mit ADHS, insbesondere impulsive Teenager, in gefährliche oder sogar kriminelle Situationen bringen. Beim Auftreten von Symptomen ist eine rasche und wirksame Intervention durch eine qualifizierte Fachkraft unerlässlich.

Besondere Risiken für heranwachsende Mädchen mit ADHS sind Schwangerschaften, sexuell übertragbare Krankheiten und Depressionen Da Mädchen mit ADHS weniger symptomatisch erscheinen und ihre Probleme für sich behalten, leiden sie oft im Stillen. In der frühen Pubertät haben Mädchen mit ADHS mehr akademische Probleme, aggressiveres Verhalten, höhere Raten von Depressionen und erste Anzeichen von substanzbezogenen Problemen als ihre neurotypischen Altersgenossen. Einige Studien deuten darauf hin, dass Mädchen mit ADHS ein höheres Risiko für Selbstverletzungen, Essstörungen, Selbstmordgedanken und ungeplante Schwangerschaften haben als Mädchen ohne diese Störung. Diese Ergebnisse gelten auch dann, wenn Faktoren wie die Einnahme von Stimulanzien, der IQ und das Alter bei der Diagnose berücksichtigt werden.

Die Hormone, die bei neurotypischen Jugendlichen zu Rebellion und riskantem Verhalten führen, können tiefgreifende Auswirkungen auf

Mädchen mit ADHS haben, die in der Regel im Alter von 9 bis 11 Jahren in die Pubertät kommen und zwischen 11 und 14 Jahren ihre Menstruation bekommen. Hormonelle Veränderungen können die Art der Behandlung mit ADHS-Medikamenten beeinflussen.

Die Schule ist für Mädchen oft eine Quelle intensiver Frustration und Scham, insbesondere wenn ihre Symptome in der Schule missverstanden oder unterschätzt werden.

Behandlung von ADHS-Symptomen bei Jugendlichen
ADHS-Symptome bei Jugendlichen werden mit Medikamenten, Verhaltenstherapie und/oder durch Ernährungsumstellung und Nahrungsergänzungsmittel behandelt. Regelmäßige Bewegung und ausreichend Schlaf sind ebenfalls sehr wichtig.

Während der Pubertät werden die Behandlungspläne oft schwieriger, da das körperliche Wachstum, der Stoffwechsel, die Hormone und die häufigen Veränderungen im Tagesablauf das tägliche Leben beeinflussen. Wenn bei Ihrem Kind bereits eine ADHS-Diagnose gestellt wurde und es seit mehreren Jahren Medikamente einnimmt, müssen Sie damit rechnen, dass die Dosierung angepasst wird, um hormonelle Veränderungen und eine neue Toleranz gegenüber lang wirkenden Medikamenten zu berücksichtigen. Neue Nebenwirkungen der Medikamente können ebenso auftreten wie die in der Pubertät so häufige Akne und das dramatische Verhalten.

Obwohl die medikamentöse Behandlung von ADHS nach wie vor der wirksamste Weg ist, um die Symptome im Jugendalter zu kontrollieren, ist es nicht ungewöhnlich, dass Jugendliche mit ADHS rebellieren und sich weigern, während der Schulzeit Medikamente zu nehmen. Diese Weigerung kann ein ungesunder Versuch sein, Unabhängigkeit zu erlangen, oder eine Reaktion auf das Gefühl, "kontrolliert" zu werden.

Aus Berichten geht hervor, dass Jugendliche, die wegen ADHS behandelt werden, angeben, dass stimulierende Medikamente weitgehend positive Auswirkungen auf Aufmerksamkeit, Verhalten und soziale Funktionen haben. Gleichzeitig gibt weniger als die Hälfte der Jugendlichen an, dass sie die Medikamente aufgrund von Nebenwirkungen wie Appetitlosigkeit und Schlafproblemen sowie der mit der Behandlung verbundenen

Stigmatisierung weiter einnehmen möchten. Die wirksame Dosierung von Stimulanzien zur Behandlung von ADHS wird nicht durch Alter, Gewicht oder Schwere der Symptome bestimmt. Es ist wichtig, dass die verschreibenden Ärzte sorgfältig die Dosis und den Zeitpunkt ermitteln, die am besten zur Körperchemie und zum Aktivitätsplan der Person passen.

Selbstbewusste Jugendliche wehren sich oft gegen alles, was ihnen das Gefühl gibt, anders zu sein, wie z. B. eine Behandlung gegen ADHS. Medikamente werden für sie zu einer greifbaren Manifestation ihrer Andersartigkeit.

Jugendliche und junge Erwachsene haben in den meisten Staaten das Recht, eine Behandlung nach Vollendung des 18. Lebensjahres zu erhalten. Die Eltern haben jedoch auch das Recht, darauf zu bestehen, dass ihre Kinder die notwendige medizinische Behandlung annehmen. Bei der Lösung dieses Konflikts geht es darum, ADHS mit Medikamenten in den Griff zu bekommen, gute Entscheidungen zu treffen und mit den Problemen umzugehen, von denen so viele Menschen im Alter von 13 bis etwa 25 Jahren betroffen sind.

Wenn Ihr Kind plötzlich die Behandlung verweigert, sollten Sie ihm zuhören, seine Bedenken besprechen und dann Änderungen vornehmen, die für Sie beide hilfreich sind. Vielleicht vergisst es einfach, seine Medikamente zu nehmen, oder es versucht, sein ADHS zu verleugnen. Wenn es darauf besteht, die Medikamente nicht einzunehmen, schlagen Sie ihm eine Probezeit ohne Medikamente vor, in der Sie die schulischen und außerschulischen Aktivitäten sowie die Berichte aufzeichnen, um eine eventuelle Auf- oder Abwärtsentwicklung zu beurteilen.
Eine der wichtigsten Lektionen, die Eltern ihren Kindern beibringen können, ist, dass sie, wenn sie eine therapeutische Entscheidung für sich selbst treffen, auch für alle um sie herum entscheiden. Dies gilt insbesondere, wenn es um die richtige Behandlung von diagnostiziertem ADHS geht.

Hier sind 5 **Aktivitäten**, die Sie mit Ihrem Teenager unternehmen können

1. Zeitmanagement-Aktivitäten:
- Helfen Sie ihm, einen Wochenplan zu erstellen, um seine Zeit einzuteilen. Verwenden Sie einen Kalender oder eine App, um Verpflichtungen, Schularbeiten und außerschulische Aktivitäten zu planen.
- Setzen Sie realistische Ziele und ermutigen Sie den Teenager, seine Fortschritte bei der Einhaltung des Wochenplans zu überwachen.

2. Strukturierte körperliche Betätigung:
- Organisieren Sie regelmäßige Bewegungseinheiten, z. B. Walken, leichtes Laufen oder Yoga.
- Bewegung hilft nicht nur, Ängste und Stress abzubauen, sondern kann auch die Konzentration und das Energiemanagement von Kindern mit ADHS verbessern.

3. Entspannungs- und Achtsamkeitstechniken:
- Lehren Sie Entspannungs- und Achtsamkeitstechniken, wie z. B. Tiefenatmung und Meditation.
- Nehmen Sie sich jeden Tag Zeit, diese Techniken gemeinsam zu üben, und ermutigen Sie ihn, sie auch dann anzuwenden, wenn er sich gestresst oder überfordert fühlt.

4. Organisation des Studienraums:
- Helfen Sie ihm, seinen Lernraum so einzurichten, dass er frei von Ablenkungen und gut mit den notwendigen Materialien wie Heften, Stiften und Lehrbüchern ausgestattet ist.
- Es werden Organisationsstrategien vermittelt, wie z. B. die Verwendung von Textmarkern oder Post-it-Zetteln zur Hervorhebung wichtiger Informationen in Texten.

5. Aktivitäten zur Selbstreflexion und persönliche Ziele:
- Ermutigen Sie ihn, ein Tagebuch zu führen, um über seine Erfahrungen, Gefühle und Fortschritte im Umgang mit ADHS zu reflektieren.
- Helfen Sie ihm, sich realistische persönliche Ziele zu setzen und konkrete Strategien zu entwickeln, um diese zu erreichen, und ermutigen Sie ihn, Erfolge und Herausforderungen auf dem Weg dorthin festzuhalten.

Denken Sie daran, die Übungen an die spezifischen Vorlieben und Bedürfnisse des Jugendlichen anzupassen und während des Prozesses einen positiven und unterstützenden Ansatz beizubehalten.

Kapitel 2 - ADHS im Erwachsenenalter

Die Aufmerksamkeitsdefizit-/Hyperaktivitätsstörung (ADHS) ist eine klinische Erkrankung mit frühem Beginn und einer erheblichen genetischen Veranlagung. Sie zeigt sich in verschiedenen Formen und Ausprägungen, darunter Unaufmerksamkeit, Hyperaktivität und Impulsivität, die einzeln oder in Kombination auftreten können.

ADHS: Eine Störung, die auch Prominente nicht verschont
ADHS macht keinen Unterschied in Bezug auf den sozialen oder beruflichen Status. Zahlreiche berühmte Persönlichkeiten haben ihre Erfahrungen mit dieser Störung öffentlich gemacht und damit bewiesen, dass ADHS keine Einschränkung, sondern eine Herausforderung ist, der man sich stellen muss. Berühmte Persönlichkeiten wie Justin Timberlake, Jamie Oliver, Will Smith, Michael Phelps, Jim Carrey, Michelle Rodriguez und Richard Branson haben erklärt, dass sie im Laufe ihres Lebens mit ADHS zu kämpfen hatten. Diese Personen haben gezeigt, dass es mit Engagement und Entschlossenheit möglich ist, die Herausforderungen von ADHS in Chancen für den Erfolg zu verwandeln.

ADHS im Erwachsenenalter: Prävalenz und Manifestationen
Im Erwachsenenalter sind etwa 3 % der Allgemeinbevölkerung von ADHS betroffen, womit es sich um eine der am weitesten verbreiteten Störungen handelt. Obwohl die Krankheit in der Jugend beginnt, können die Symptome mit einigen Veränderungen fortbestehen. Erwachsene mit ADHS können Schwierigkeiten in sozialen Beziehungen, bei der Arbeit und bei der Bewältigung des Alltags haben, was zu Frustration und vermindertem Selbstwertgefühl führt.

Die Erscheinungsformen von ADHS im Erwachsenenalter können unterschiedlich sein. Unaufmerksamkeit ist oft der am stärksten beeinträchtigende Aspekt, mit Schwierigkeiten bei der Verwaltung von Aufmerksamkeitsressourcen und der Ausführung komplexer Aufgaben. Die Hyperaktivität nimmt tendenziell ab und äußert sich in Unruhe und impulsivem Verhalten. Impulsivität kann sich durch sofortige Reaktionen und Schwierigkeiten bei der emotionalen Kontrolle äußern.

Der Weg des Übergangs zum Erwachsensein: Eine noch unentdeckte Herausforderung

Der Übergang vom Jugend- zum Erwachsenenalter ist für Menschen mit ADHS eine kritische Zeit. Während sich viele Dienste auf die Diagnose und Behandlung von ADHS im Kindes- und Jugendalter konzentrieren, wird die Kontinuität der Betreuung im Erwachsenenalter oft vernachlässigt. Dieser Mangel an Unterstützung kann zu einer Reihe von Problemen führen, unter anderem zu Schwierigkeiten beim Zugang zu Gesundheitsdiensten und einer kontinuierlichen Behandlung.

Die Behandlung von ADHS im Erwachsenenalter: Ansätze und Strategien

Die Behandlung von ADHS im Erwachsenenalter kann durch kognitive Verhaltenspsychotherapie (KVT) erfolgen, die eine Reihe spezifischer Strategien bietet. Dazu gehören das Erkennen spezifischer Schwierigkeiten, Zeitmanagementtechniken, kognitive Umstrukturierung, Aufmerksamkeitstraining, Selbstregulierungsfähigkeiten, Entwicklung sozialer Fähigkeiten und Unterstützung des Selbstwertgefühls. Diese Maßnahmen zielen darauf ab, praktische Instrumente zur Bewältigung der ADHS-Symptome und zur Verbesserung der Lebensqualität bereitzustellen.

Kapitel 3 - Der Einfluss von ADHS auf das Liebesleben

Menschen mit ADHS berichten über ein größeres sexuelles Verlangen und mehr sexuelle Funktionsstörungen als die Allgemeinbevölkerung.
Bei Paaren, in denen ein Partner an ADHS leidet, kann es zu Schwierigkeiten kommen, Zeit füreinander zu finden, und es kann zu einem Machtungleichgewicht kommen.
Ein Partner mit ADHS hat möglicherweise Schwierigkeiten, intime sexuelle Beziehungen aufzubauen und aufrechtzuerhalten.

Für Partner, bei denen Intimität in der Beziehung der primäre erotische Impuls ist, kann es für einen Partner mit ADHS schwierig sein, intime sexuelle Beziehungen zu pflegen und aufrechtzuerhalten, sei es kurz- oder langfristig, aufgrund von Symptomen der Störung wie Impulsivität, Suche nach Neuem, Vergesslichkeit, schnelle Stimmungsschwankungen und Herausforderungen in Bezug auf Konsistenz. Ein Teil dieses Zusammenbruchs der Intimität kann auch darauf zurückzuführen sein, dass der nicht an ADHS erkrankte Partner mehr Verantwortung in der Beziehung, in der Familie und/oder mit seinen Kindern übernimmt.

Im Laufe der Zeit wird der Partner ohne ADHS zunehmend nachtragend und fühlt sich vielleicht mehr wie ein Elternteil, während der Partner mit ADHS eine Kombination von Gefühlen erlebt, darunter das Gefühl von Irritation, Respektlosigkeit, Verlegenheit und Wut. All diese Gefühle tragen zu einem unerwünschten Beziehungsmuster bei, das die sexuelle Leidenschaft beeinträchtigen kann. Ein Paartherapeut kann sich unter anderem darauf konzentrieren, jeden Partner zu bitten, in einem gemeinsamen Familienkalender Zeitblöcke oder Fristen aufzuschreiben, innerhalb derer Aktivitäten realistischerweise erledigt werden können.

Ein weiterer Punkt in dieser Studie war das Muster, dass die Partner zu unterschiedlichen Zeiten ins Bett gehen, wenn der ADHS-Partner zusätzliche Arbeit aufholen muss oder eine schlechte Schlafhygiene hat. Eine der Interventionen, mit denen ein Therapeut Paaren helfen kann, sind bewusste Zeiten, zu denen die Partner gemeinsam ins Bett gehen können, und die ihnen helfen, intime Verabredungen zu treffen.

Sexuelle Erfahrungen
In Bezug auf die tatsächlichen sexuellen Erfahrungen berichten Partner mit ADHS, dass sie Schwierigkeiten haben, sich auf bestimmte Arten der körperlichen Stimulation einzulassen, wenn sich das sexuelle Skript mit der Zeit wiederholt, vorhersehbar und weniger neuartig wird, was zu einem Rückgang des sexuellen Verlangens, einem Verlust der Erektion oder der Unfähigkeit, einen Orgasmus zu erreichen, führt. Wenn eine Person mit ADHS in ein unveränderliches sexuelles Skript involviert ist, wandert ihr Geist zu Orten, die nicht das Schlafzimmer einschließen, wie z. B. Arbeitstätigkeiten, bei denen sie im Rückstand ist, was sie abtörnt, oder sie sucht nach neueren Arten erotischer Fantasien, die sie in sexuell expliziten Medien gesehen hat, in der Vergangenheit hatte oder in der Zukunft haben möchte.

In einigen der in dieser Literaturübersicht untersuchten Studien wurde sogar festgestellt, dass Personen mit ADHS bei sexuellen Erfahrungen in der Partnerschaft weniger sexuelle Befriedigung empfinden, was darauf zurückzuführen sein könnte, dass ihre Gedanken ständig abschweifen. Das potenzielle Problem, wenn sich der Fokus auf die erotische Fantasie verlagert, besteht darin, dass es sich wie eine emotionale Trennung vom Partner anfühlen kann. Tatsächlich haben einige Klienten in der Sexualtherapie dieses Phänomen so beschrieben, dass ihr Partner "einfach weggeht". Diese klinischen Beobachtungen werden durch eine 2008 von Gina Pera durchgeführte Umfrage unter Partnern von Menschen mit ADHS gestützt. 30 % der Befragten hatten beim Sex mit ihrem ADHS-Partner das Gefühl, keine Verbindung zu ihm zu haben, so als ob er nicht da wäre.

Damit emotionale und sexuelle Intimität entstehen und wachsen können, ist es unerlässlich, dass ein Umfeld geschaffen wird, das Entspannung, Verspieltheit und ein Gefühl der Verkörperung (eine Verbindung zwischen Körper und Geist) fördert. Dies kann durch auf die Gegenwart ausgerichtete Techniken wie Yoga oder Meditation kultiviert werden oder durch die Einführung sexueller Spiele, die beiden Partnern Spaß machen und neu sind.

Es gibt viele andere sexuelle Schwierigkeiten, mit denen Menschen mit ADHS konfrontiert sind, abgesehen von der mangelnden Konzentration bei sexuellen Aktivitäten zu zweit. Medical News Today entdeckte, dass bei Menschen mit ADHS ein weiteres Lustproblem festgestellt wurde: Hyposexualität, d. h. ein geringeres als das normale Maß an Interesse oder Beteiligung an sexuellen Aktivitäten, was manchmal ein Symptom von ADHS und manchmal eine Auswirkung der zur Behandlung der Symptome verwendeten Medikamente ist; in gesundes sexuelles Verlangen, aber gleichzeitig Schwierigkeiten, trotz längerer Stimulation einen Orgasmus zu erreichen, was oft auf Langeweile, Konzentrationsprobleme oder das Aufkommen anderer Gefühle zurückzuführen ist; und Überempfindlichkeit, d. h. ein Gefühl des Unbehagens als Reaktion auf taktile Stimulation, wie z. B. schmerzhafte Empfindungen als Reaktion auf genitale Stimulation.

Sexuelle Störungen
In einer Studie waren die häufigsten sexuellen Störungen bei Männern mit ADHS im Vergleich zu Männern ohne ADHS Orgasmusprobleme (10 bis 14 % gegenüber 3 %), vorzeitige Ejakulation (13 bis 18 % gegenüber 10 %), sexuelle Abneigung (12 bis 13 % gegenüber 1 %) und negative Gefühle während/nach dem Sex (10 %, keine Daten in der Kontrollgruppe), während Frauen Probleme mit der sexuellen Erregung (8 bis 26 % gegenüber 3 %), Orgasmusprobleme (22 bis 23 % gegenüber 10 %) und sexuelle Abneigung (15 % gegenüber 4 %) angaben. Es wurden keine signifikanten Unterschiede zwischen Patienten, die mit ADHS-Medikamenten behandelt wurden, und Patienten ohne psychostimulierende Behandlung festgestellt.

Für diejenigen, die wegen dieser sexuellen Probleme Hilfe suchen, ist es entscheidend, dass ihr Therapeut über die Erfahrung verfügt, eine gründliche biopsychosoziale Untersuchung durchzuführen, um die Möglichkeit einer ADHS-Diagnose zu erkunden. Ein Therapeut muss die Diagnose ADHS, die Auswirkungen dieser Störung auf die Beziehung im Laufe der Zeit und die sexuellen Störungen, zu denen sie beigetragen hat, ansprechen.

Kapitel 4 - Eltern mit ADHS

Wie bereits erwähnt, ist es wahrscheinlich, dass ein Kind mit ADHS die Krankheit von einem Verwandten oder Elternteil "geerbt" hat.
In diesem Kapitel befassen wir uns damit, was es bedeutet, ein ADHS-Elternteil zu sein und wie man damit umgeht. Im Allgemeinen gelten alle Ratschläge, die bereits in diesem Handbuch zu finden sind, aber einige Dinge sind etwas anders.
Wenn Sie keine Diagnose erhalten haben, aber befürchten, dass Sie darunter leiden, sollten Sie einen Spezialisten aufsuchen, um dies herauszufinden. Er oder sie kann Ihnen helfen, mit Ihren Symptomen umzugehen und ein gutes Elternteil zu sein, ohne dass ADHS Sie mehr als nötig beeinträchtigt.

Eltern zu sein ist lohnend, aber es ist auch schwierig, anstrengend und ermüdend. Wenn Betreuungspersonen unter ADHS leiden, scheinen sich die Herausforderungen des Elternseins in Anzahl und Intensität zu vervielfachen. ADHS-Symptome wie Unaufmerksamkeit, Impulsivität und emotionale Dysregulation wirken sich unweigerlich auf den Tagesablauf und die elterlichen Pflichten aus, ganz zu schweigen von den Beziehungen, die wir zu unseren heranwachsenden Kindern aufbauen.

Wie ADHS die Erziehungsfähigkeit beeinflusst
Elternschaft erfordert die tägliche und zuverlässige Ausführung sich wiederholender, nicht routinemäßiger Aufgaben, eine Kombination, die für Erwachsene mit grundlegenden ADHS-Defiziten, einschließlich schwankender Aufmerksamkeit und schlechtem Arbeitsgedächtnis, sehr schwierig ist. Ganz allgemein beeinträchtigt ADHS folgende grundlegenden Aspekte der Elternschaft:
- Emotionale Verfügbarkeit: Wenn Kinder große Gefühle oder schwierige Situationen erleben, suchen sie bei ihren Eltern Führung und Schutz. Doch bei ADHS und der damit verbundenen emotionalen Dysregulation ist es schwierig, ständig präsent und konzentriert zu sein, um die Gefühle des Kindes zu unterstützen.
- Beziehungsaufbau: Die Eltern-Kind-Bindung ist das Herzstück jeder gesunden Familiendynamik. Vielen Eltern mit ADHS fällt es

jedoch schwer, sich für ihre Kinder zu interessieren und mit ihnen Zeit zu verbringen.
- Vorausschauende Planung für problematische Situationen: Eltern finden immer wieder Zeit und Raum, um darüber nachzudenken, was für ihre Familie schwierig war und wie sie Pläne, Verfahren und Programme für künftigen Erfolg ändern können. Eltern mit ADHS verfügen jedoch häufig nicht über die exekutiven Fähigkeiten, um auf hohem Niveau zu analysieren, zu planen und auszuführen. Defizite in der Impulskontrolle können auch dazu führen, dass Eltern wütend werden und ohnehin schon schwierige Situationen verkomplizieren.
- Organisation von Zeitplänen: Die Verwaltung von Logistik und Familienroutinen erfordert unermüdliche organisatorische Fähigkeiten, eine Schwierigkeit, die bei ADHS bekannt ist.
- Sicherheit der Kinder: Eltern brauchen die nötige Aufmerksamkeitsspanne, um ihre Kinder, ob Kleinkinder oder Teenager, ohne Ablenkung zu überwachen.
- Positive Verhaltensweisen modellieren: Positive Verstärkung trägt dazu bei, gutes Verhalten zu etablieren, erfordert aber, dass die Eltern ihre Kinder schnell und ausführlich "erwischen" und loben.
- Regulierung in schwierigen Situationen: Emotionale Dysregulation, Impulsivität und intensive Emotionen sind Teil der ADHS-Erfahrung, was in vielen Familien dazu führt, dass "Ruhe" schwer zu erreichen ist.

Obwohl man davon ausgeht, dass ADHS erblich bedingt ist, kann ein unzureichender Umgang mit den Symptomen Ihres Kindes sowohl den Schweregrad der Störung als auch die Entwicklung schwerwiegenderer Probleme im Laufe der Zeit beeinflussen. Frühzeitiges Eingreifen ist der Schlüssel zu positiven Ergebnissen für Ihr Kind. Je früher Sie die Probleme Ihres Kindes angehen, desto wahrscheinlicher ist es, dass Sie schulisches und soziales Versagen und damit verbundene Probleme wie schlechte Leistungen und geringes Selbstwertgefühl, die zu Straffälligkeit oder Drogen- und Alkoholmissbrauch führen können, verhindern können. Auch wenn das Leben mit Ihrem Kind manchmal schwierig erscheint, können Sie als Eltern dazu beitragen, zu Hause und in der Schule ein Umfeld zu schaffen, das die Erfolgsaussichten Ihres Kindes verbessert.

Hier sind einige Möglichkeiten für den Einstieg.
- Verschwenden Sie Ihre begrenzte emotionale Energie nicht mit Schuldgefühlen. ADHS ist eine Störung in bestimmten Bereichen des Gehirns und wird in den meisten Fällen vererbt. Es wird nicht durch schlechte Erziehung oder ein chaotisches häusliches Umfeld verursacht, obwohl das häusliche Umfeld die ADHS-Symptome verbessern oder verschlimmern kann.
- Informieren Sie sich so gut wie möglich über ADHS. Es gibt zwar viele Informationen über Diagnose und Behandlung, aber nicht alle sind korrekt oder basieren auf wissenschaftlichen Erkenntnissen. Es liegt an Ihnen, ein guter Verbraucher zu sein und zu lernen, korrekte von unkorrekten Informationen zu unterscheiden. Wie kann man unterscheiden, was nützlich ist und was nicht? Seien Sie generell vorsichtig bei Werbung, die behauptet, ADHS zu heilen. Es gibt derzeit keine Heilung, aber es können positive Schritte unternommen werden, um die Auswirkungen zu verringern. Achten Sie auch auf die Quelle der Informationen. Wenn Sie das Internet nutzen, halten Sie sich an zuverlässige Websites wie staatliche (z. B. CDC), gemeinnützige (z. B. CHADD) oder universitäre Quellen (solche mit der Endung .edu).
- Vergewissern Sie sich, dass Ihr Kind eine vollständige Untersuchung erhält. Um den diagnostischen Prozess abzuschließen, sollten Sie sicherstellen, dass Ihr Kind eine vollständige Untersuchung erhält, die medizinische, pädagogische und psychologische Beurteilungen umfasst (unter Einbeziehung des Lehrers Ihres Kindes), und dass andere Störungen, die ADHS nachahmen oder häufig zusammen mit ADHS auftreten, berücksichtigt und ausgeschlossen wurden.

Kapitel 5 - Das Wohlbefinden der Eltern: Für sich selbst sorgen

Elternschaft ist eine Reise voller Freuden und Herausforderungen, aber sie kann auch extrem stressig und anstrengend sein. Es ist wichtig, dass Eltern auf sich selbst achten, um das Beste für ihre Kinder zu erreichen. In diesem Kapitel werden wir verschiedene Strategien für das elterliche Wohlbefinden erkunden und dabei Themen wie den Umgang mit Stress und Frustration sowie die Bedeutung des Umgangs mit Schuldgefühlen und Unzulänglichkeiten ansprechen. Wir werden auch untersuchen, wie sich die ADHS eines Kindes auf das Leben eines Paares auswirken kann, und praktische Ratschläge für den Umgang mit dieser Störung innerhalb der Beziehung geben.

Erkennen und Umgang mit Stress und Frustration
Eltern zu sein ist eine anspruchsvolle Aufgabe, die zu einem hohen Maß zu Stress und Frustration führen kann. Der tägliche Druck, wie z. B. die Bewältigung der familiären Pflichten, der Arbeit und der sozialen Verpflichtungen, kann für Eltern sehr belastend sein und ihre geistige und emotionale Gesundheit beeinträchtigen. Es ist wichtig, die Anzeichen von Stress und Frustration zu erkennen und wirksame Strategien zu deren Bewältigung anzuwenden. Dazu kann das Praktizieren von Entspannungstechniken wie Meditation und Yoga gehören, die helfen, Spannungen abzubauen und ein Gefühl der inneren Ruhe zu fördern. Darüber hinaus können regelmäßige Pausen während des Tages, in denen man Aktivitäten nachgeht, die Freude und Entspannung bringen, wie z. B. ein Buch lesen, spazieren gehen oder Musik hören, dazu beitragen, das emotionale Gleichgewicht wiederherzustellen und angesammelten Stress abzubauen.

Umgang mit Schuldgefühlen und Unzulänglichkeiten
Eltern können Schuldgefühle und Unzulänglichkeiten empfinden, wenn sie mit den Herausforderungen der Elternschaft konfrontiert werden. Diese Gefühle können auf unrealistische Erwartungen an sich selbst, Vergleiche mit anderen Eltern oder eine verzerrte Wahrnehmung der eigenen Rolle

zurückzuführen sein. Es ist wichtig zu verstehen, dass kein Elternteil perfekt ist und dass es normal ist, sich von Zeit zu Zeit überfordert zu fühlen. Der Umgang mit Schuldgefühlen und Unzulänglichkeiten erfordert eine Praxis des Selbstmitgefühls und der Selbstvergebung. Das bedeutet, die eigenen Unzulänglichkeiten zu akzeptieren und zu erkennen, dass es ausreicht, sein Bestes zu geben. Darüber hinaus kann die Unterstützung durch andere Eltern oder einen Psychotherapeuten dabei helfen, diese Gefühle zu verarbeiten und Strategien zu entwickeln, um mit ihnen auf gesunde und wirksame Weise umzugehen.

Verstehen der ADHS des Kindes und ihrer Auswirkungen auf das Paar
Die ADHS eines Kindes kann erhebliche Auswirkungen auf die Paardynamik haben. Die mit der Störung verbundenen Herausforderungen, wie Aufmerksamkeits- und Organisationsschwierigkeiten, können die Kommunikation und die Bewältigung der familiären Pflichten beeinträchtigen. Es ist wichtig, dass sich beide Partner aktiv um das Verständnis der Störung bemühen und wirksame Strategien für den Umgang mit ihr entwickeln. Dazu kann es gehören, sich über die Merkmale von ADHS zu informieren, an Informationsveranstaltungen mit Fachleuten aus dem Bereich der psychischen Gesundheit teilzunehmen und Unterstützung in Selbsthilfegruppen für Eltern von Kindern mit ADHS zu suchen. Darüber hinaus kann die Entwicklung einer offenen und ehrlichen Kommunikation dazu beitragen, die täglichen Herausforderungen gemeinsam zu bewältigen und ein besseres gegenseitiges Verständnis zu fördern.

Offene und ehrliche Kommunikation
Kommunikation ist entscheidend für den Umgang mit den ADHS-bedingten Herausforderungen des Kindes innerhalb des Paares. Die Partner müssen in der Lage sein, ihre Gefühle und Bedürfnisse klar und respektvoll auszudrücken. Es ist wichtig, einen sicheren Raum zu schaffen, in dem beide Partner ihre Sorgen und Hoffnungen in Bezug auf das Kind und die Beziehung frei äußern können. Eine offene Kommunikation kann dazu beitragen, Konflikte zu verringern und ein besseres gegenseitiges Verständnis zu fördern. Darüber hinaus ist es wichtig, dem Partner gegenüber einfühlsam und verständnisvoll zu sein, das Gewicht der

Herausforderungen anzuerkennen, mit denen jeder konfrontiert ist, und gemeinsam nach wirksamen Lösungen zu suchen.

Umgang mit Konflikten und unterschiedlichen Ansätzen
Unterschiedliche Herangehensweisen im Umgang mit der ADHS eines Kindes können zu Konflikten innerhalb des Paares führen. Es ist üblich, dass die Partner unterschiedliche Meinungen darüber haben, wie sie mit der Störung umgehen und bestimmte Situationen bewältigen sollen. Es ist wichtig zu erkennen, dass dies normal ist und dass Konfrontationen konstruktiv sein können, wenn sie respektvoll und kooperativ gehandhabt werden. Für eine effektive Konfliktbewältigung ist es hilfreich, eine selbstbewusste Kommunikation zu praktizieren, dem Partner aktiv zuzuhören und nach Kompromissen zu suchen, die den Bedürfnissen beider Seiten gerecht werden. Darüber hinaus kann die gemeinsame Erarbeitung eines Aktionsplans für den Umgang mit ADHS des Kindes dazu beitragen, Spannungen abzubauen und einen größeren Zusammenhalt innerhalb des Paares zu fördern.

Arbeiten im Team
Der Umgang mit der ADHS eines Kindes erfordert das Engagement beider Partner und eine enge Zusammenarbeit als Paar. Es ist wichtig, als Team zusammenzuarbeiten, die Verantwortung zu teilen und sich gegenseitig bei den täglichen Herausforderungen zu unterstützen. Dazu kann es gehören, die Aufgaben im Haushalt gleichmäßig aufzuteilen und gemeinsam an Therapie- und Interventionsstrategien für das Kind zu arbeiten. Darüber hinaus kann es die Bindung des Paares stärken und in schwierigen Zeiten für gegenseitige Unterstützung sorgen, wenn es sich Zeit für die Beziehung und für Aktivitäten nimmt, die ihm Freude bereiten. Die Zusammenarbeit im Team fördert nicht nur die Effektivität im Umgang mit der ADHS des Kindes, sondern stärkt auch die Beziehung und das emotionale Wohlbefinden des Paares.

Hier finden Sie **15 Übungen** und Aktivitäten, die Eltern zu zweit oder allein durchführen können, um ihr Wohlbefinden zu fördern:

1. Meditation: Das gemeinsame oder individuelle Praktizieren von Meditation kann helfen, Stress zu reduzieren und eine größere geistige und emotionale Ruhe zu fördern.

2. Yoga: Gemeinsame Yoga-Übungen oder Online-Kurse können die Entspannung fördern und die Flexibilität des Körpers verbessern.

3. Spaziergänge in der Natur: Gemeinsame Erkundungen in der Natur oder erholsame Spaziergänge allein können den Geist beleben und das allgemeine Wohlbefinden verbessern.

4. Kochen: Gemeinsam neue Rezepte zuzubereiten oder einen kulinarischen Abend zu veranstalten, kann Spaß machen, sich lohnen und die Bindung zueinander fördern.

5. Künstlerische Aktivitäten: Gemeinsames Malen, Zeichnen oder Basteln kann eine lustige Art sein, Kreativität auszudrücken und sich zu entspannen.

6. Filmabende: Die Organisation von Filmabenden zu Hause oder im Kino kann eine angenehme Art sein, sich zu entspannen und gemeinsam Zeit zu verbringen.

7. Massage: Gegenseitige Massagen können helfen, Muskelverspannungen abzubauen und die Entspannung zu fördern.

8. Musik hören: Das gemeinsame Hören von Lieblingsmusik oder das Erstellen von persönlichen Playlists kann eine Möglichkeit sein, sich zu entspannen und Gefühle durch Musik zu teilen.

9. Lesen: Das Lesen von Büchern oder Artikeln von gemeinsamem Interesse kann eine Möglichkeit sein, den Geist anzuregen und sinnvolle Diskussionen zu initiieren.

10. Körperliches Training: Gemeinsame körperliche Aktivitäten wie Laufen, Spazierengehen oder Training im Fitnessstudio können das körperliche und geistige Wohlbefinden fördern.

11. Picknicks: Ein Picknick in einem Park oder an einem natürlichen Ort kann eine Möglichkeit sein, die Zeit im Freien zu genießen und gemeinsam zu essen.

12. Brettspiele: Das gemeinsame Spielen von Brett- oder Gesellschaftsspielen kann eine lustige Art der Herausforderung und Entspannung sein.

13. Dankbarkeitsübungen: Das Führen eines Dankbarkeitstagebuchs oder das gemeinsame Erleben von Momenten der Dankbarkeit können eine positive Einstellung und das emotionale Wohlbefinden fördern.

14. Exkursionen: Die Organisation von Ausflügen oder Reisen in die Natur kann eine Möglichkeit sein, neue Orte zu entdecken und den Geist zu erfrischen.

15. Romantische Abende: Die Organisation romantischer Abende, wie Abendessen bei Kerzenschein oder entspannende Spa-Abende, können die Bindung des Paares stärken und das emotionale Wohlbefinden fördern.

Schlussfolgerung

Wir hoffen, dass die Eltern am Ende dieses Handbuchs, das sich mit ADHS befasst, ein besseres Verständnis für die Störung und ihre Auswirkungen auf das Leben ihrer Kinder gewonnen haben. Durch eine detaillierte Analyse der Symptome, Ursachen und Bewältigungsstrategien haben wir versucht, praktische Hilfsmittel und nützliche Ressourcen für den Umgang mit den täglichen Herausforderungen im Zusammenhang mit ADHS bereitzustellen.

Wir erinnern die Eltern daran, dass ADHS eine komplexe und multifaktorielle Störung ist und dass es keine Universallösung gibt. Mit Geduld, Engagement und einem tiefen Verständnis für die individuellen Bedürfnisse ihres Kindes können Eltern jedoch eine Schlüsselrolle bei der Förderung der Entwicklung und des Wohlbefindens ihres Kindes spielen.

Wir hoffen, dass dieses Buch eine Quelle der Inspiration und Unterstützung für Eltern sein wird, die mit ADHS bei ihren Kindern zu tun haben. Mit mehr Bewusstsein und kontinuierlichem Engagement können wir gemeinsam ein Umfeld schaffen, das den Erfolg und das Wohlbefinden von Kindern mit ADHS fördert und es ihnen ermöglicht, ihr volles Potenzial auszuschöpfen.

Dankeschön

Copyright © 2024

Alice Arcangeli & Stefanie Gendron

Alle Rechte vorbehalten.